누구나
쉽고 재미있게

사고력 수학

노크

B8
(9~10세)

경우의 수와 통계

이 책을 보시는 부모님들께

머리가 좋아야 수학을 잘 한다는 말이 있습니다. 또, 수학을 잘 못하는 아이는 아빠, 엄마의 머리를 물려받아서 그렇다는 등의 난데없는 유전자 논쟁이 벌어지기도 합니다. 하지만 많은 사람들의 일반적인 생각과는 달리 이는 근거없는 이야기입니다. 외국의 한 연구 기관에서 언어, 사회, 수학, 과학의 네 가지 분야 중 어떤 것이 아동의 선천적 재능에 영향을 받는지 조사한 연구 결과를 발표했는데 일반적인 예상과는 다르게 선천적 재능에 영향을 받는 순서는 사회, 언어, 과학, 수학 순이었습니다. 다시 말해, 수학은 여러 학문 분야 중 선천적인 재능보다는 후천적인 환경이나 교육자, 학습자의 노력에 가장 큰 영향을 받는 학문이라 볼 수 있습니다. 수학의 가장 기본이 되는 '수 영역'의 예를 들어 보겠습니다. 아이들이 수를 처음 접하는 시기의 차이는 있지만 실제 수에 대한 감각과 수를 다루는 연습은 생활 속에서의 체험이나 다양한 활동, 학습 속에서 이루어집니다. 즉, 수학의 가장 기본이 되는 수는 선천적으로 가진 재능과는 거의 연관이 없으며 자라나면서 어떤 환경에 놓이는지, 얼마나 많이 수를 생각할 수 있는 기회가 있는지, 나이에 맞는 올바른 학습을 만날 수 있는지에 좌우됩니다. 그러므로 아이의 수학적 발달에 문제가 있다면, 그 아이가 누구를 닮아서 그런지, 지능이 떨어지는지를 따질 것이 아니라 수학적 힘을 기를 수 있는 학습 환경을 어떻게 만들어줄 것인가를 고민해야 합니다.

국제영재교육연구소의 랜즐리 소장은 영재의 기준을 마련하기 위해 여러 연구를 시행한 결과, 영재의 공통적인 특징들을 발견하였습니다. 첫째는 115 이상의 지능지수(IQ), 둘째는 창의력(Creativity), 셋째는 동기적 요소라고 부르는 끈질긴 근성과 과제집착력이었습니다. 이들 세 가지 요소 역시 선천적으로 타고 나는 부분도 물론 있겠지만 대부분 후천적인 학습이나 교육 활동을 통해 기를 수 있는 능력이라는 데에 이의를 제기하기는 힘듭니다.

이처럼 수학적 능력은 후천적 학습 환경에 주로 좌우되며, 특히 어린 시절에는 그러한 경향이 더더욱 두드러집니다. 하지만 우리의 아이들을 둘러싼 수학적 환경을 다시 한 번 돌아봅시다. 초등학교를 들어가기 전부터 과도한 학습량과 무의미한 반복 활동, 이후의 수학 학습에 오히려 방해가 될 정도로 무리한 선행 학습 등의 환경은 아이의 수학적 힘을 길러주기보다는 수학에서 가장 중요한 창의적 사고력을 기를 수 있는 기회를 박탈함과 동시에 수학에 대한 흥미를 급속하게 떨어뜨리게 하여 수학으로 문제를 해결하려는 의지, 즉 수학적 동기를 스스로에게 부여하는 것을 불가능하게 만들어 버립니다. 중요한 것은 남들보다 먼저, 그리고 더 많이 수학적 지식을 머리 속에 주입하는 것이 아니라 태어나서부터 누구나 가지고 있는 수학에 대한 관심, 그리고 수학으로 생각하는 힘을 일깨워주는 것입니다.

수학을 잘할 수 있는 힘,

수학적 잠재력은 이미 여러분 아이들의 머릿 속에 줄곧 있어왔습니다. 단지 어떤 아이는 그것을 찾아내어 드러낼 수 있었고, 어떤 아이는 꼭꼭 숨긴 채 평생 드러나지 않을 뿐입니다. 이러한 수학적 잠재력에 대한 참신한 자극 – 생각을 두드리는 '노크'를 제안하려 합니다. '노크'는 수학적 지식과 스킬만을 무리하게 밀어넣지 않습니다. 왜 수학을 해야 하고, 어떻게 수학으로 가능한지 끊임없이 스스로 생각하게하는 계기로서의 활동이 되려 합니다. 일상으로부터 괴리된 학문으로서의 수학이 아닌, 삶을 살아가며 반드시 키워야 할 논리적, 합리적 사고력을 기를 수 있는 누구에게나 가장 중요한 경쟁력으로서의 수학을 주장합니다. '노크'야말로 새로운 수학 학습의 길을 보여주는 방향타가 될 것입니다.

한 현 조

똑!똑! 사고력 수학

노크의 구성

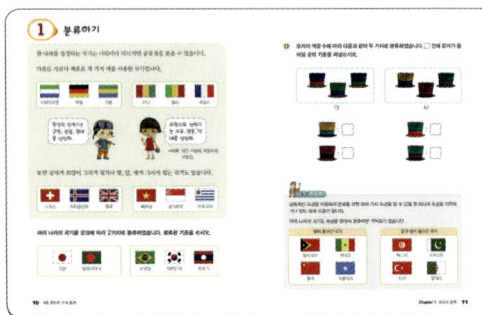

시작 : 생각열기

사고력 수학 주제에 맞는 수학적 상황, 수학사, 생활 속 수학 이야기 등의 자유로운 형식으로 흥미를 유발하고, 수학적 사고를 자극하는 주제별 프롤로그

노크 포인트

문제 해결의 핵심적 원리를 '콕!' 집어서 간결하게 요약한 사고력 수학 주제별 포인트

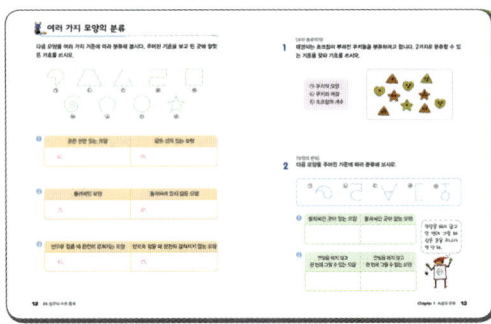

전개 : 유형 탐구

사고력 수학의 대표 유형을 노크만의 새로운 방법으로 차근차근 한 단계씩 익히고 해결하는 단계적 유형 탐구와 이를 통해 익힌 방법적 원리를 적용, 확장하는 확인 문항

잘 생각해 봐!

수학 요정들의 친절한 충고와 꼬마 요괴들의 밉살스럽지만 유용한 조언으로 어려운 발전 문항의 해결을 돕는 문제 해결 도우미 박스

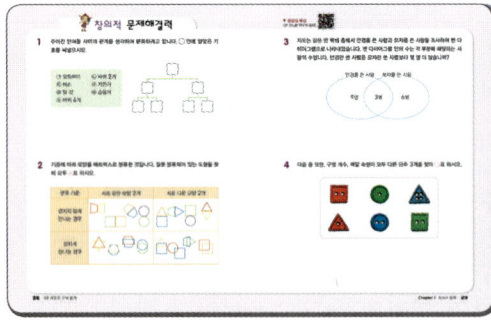

발전 : 창의적 문제해결력

3개의 사고력 수학 주제를 갈무리하는, 한 차원 높은 창의력과 복합적인 사고력을 요구하는 발전 문항의 끝판왕

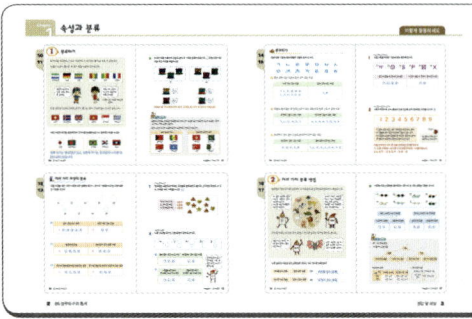

마무리 : 정답 및 해설

본문에 그대로 첨삭된 정답과 간략한 풀이 과정을 통한 사고력 수학 활동 피드백으로 마무리

노크
캐릭터 소개

지식을 되찾기 위해 노크랜드로 떠난 모험가 친구들

일단 저지르고 보는 거야!

난 궁금한 건 절대 못 참아.

침착하게 위기를 벗어나야 해.

생각으로 아주 멀리까지 날아가.

태경
활동파 리더

지오
호기심 공주

초이
조용한 전략가

아인
꼬마 천재

마법사 멀린과 수학 요정

마법사 멀린

노크랜드의 지식의 수호자. 지식을 파괴하려는 대마왕의 음모에 맞서 모험을 떠난 친구들의 든든한 조력자.

아르키메데스

페르마

플라톤

파스칼

피타고라스

가우스

유클리드

오일러

대마왕과 꼬마 요괴

대마왕

노크랜드의 지식의 파괴자. 세계를 차지하기 위해 모든 지식을 없애버리려고 하는 요괴들의 두목.

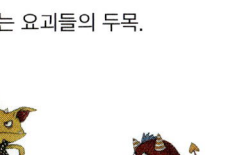

딴소리

한입

장난

딴짓

멍하니

잠만자

울보

거꾸로

이 책의 차례

속성과 분류

1 분류하기

한 나라를 상징하는 국기는 나라마다 다르지만 공통점을 찾을 수 있습니다.

다음은 가로나 세로로 세 가지 색을 사용한 국기입니다.

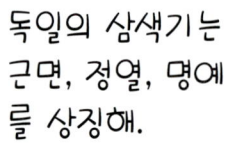 독일의 삼색기는 근면, 정열, 명예를 상징해.

 프랑스의 삼색기는 자유, 평등,*박애를 상징해.

*박애: 모든 사람을 평등하게 사랑함.

또한 십자가 모양이 그려져 있거나 별, 달, 해가 그려져 있는 국기도 있습니다.

여러 나라의 국기를 모양에 따라 2가지로 분류하였습니다. 분류한 기준을 쓰시오.

🌀 모자의 색깔 수에 따라 다음과 같이 두 가지로 분류하였습니다. ☐ 안에 모자가 들어갈 곳의 기호를 써넣으시오.

노크 포인트

공통적인 속성을 이용하여 분류를 하면 여러 가지 속성을 알 수 있을 뿐 아니라 속성을 기억하거나 찾는 데에 도움이 됩니다.

여러 나라의 국기도 속성을 찾아서 분류하면 기억하기 쉽습니다.

여러 가지 모양의 분류

다음 모양을 여러 가지 기준에 따라 분류해 봅시다. 주어진 기준을 보고 빈 곳에 알맞은 기호를 쓰시오.

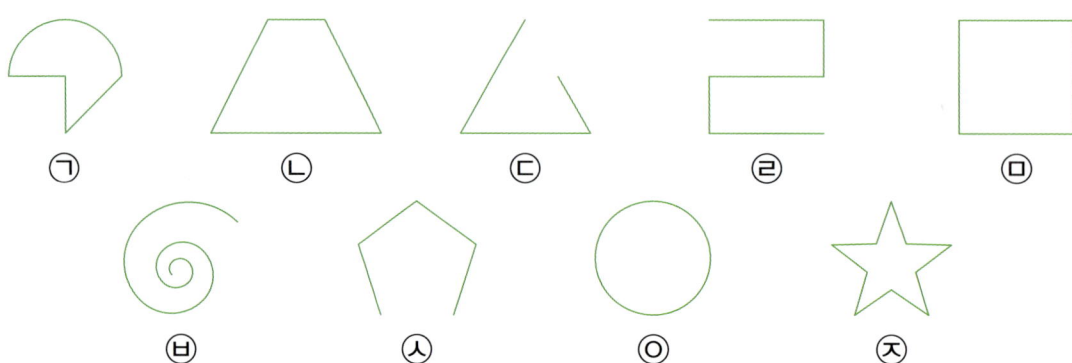

1

곧은 선만 있는 모양	굽은 선이 있는 모양
㉡,	㉠,

2

둘러싸인 모양	둘러싸여 있지 않은 모양
㉠,	㉢,

3

반으로 접을 때 완전히 겹쳐지는 모양	반으로 접을 때 완전히 겹쳐지지 않는 모양
㉡,	㉠,

1 태경이는 초코칩이 뿌려진 쿠키들을 분류하려고 합니다. 2가지로 분류할 수 있는 기준을 찾아 기호를 쓰시오.

ㄱ 쿠키의 모양
ㄴ 쿠키의 색깔
ㄷ 초코칩의 개수

[모양의 분류]

2 다음 모양을 주어진 기준에 따라 분류해 보시오.

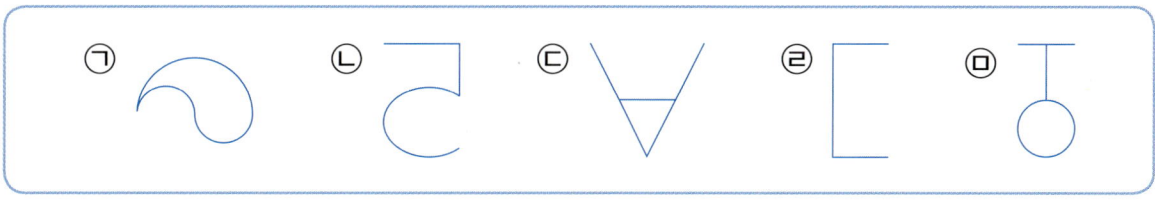

❶

둘러싸인 곳이 있는 모양	둘러싸인 곳이 없는 모양

❷

연필을 떼지 않고 한 번에 그릴 수 있는 모양	연필을 떼지 않고 한 번에 그릴 수 없는 모양

연필을 떼지 않고 한 번에 그릴 때 같은 곳을 지나가면 안 돼.

🐛 분류하기

다음 분류 기준에 따라 알맞은 자음을 모두 쓰시오.

ㄱ ㄴ ㄷ ㄹ ㅁ ㅂ ㅅ
ㅇ ㅈ ㅊ ㅋ ㅌ ㅍ ㅎ

❶ 곧은 선만 있는 자음과 굽은 선이 있는 자음

곧은 선만 있는 자음	굽은 선이 있는 자음

❷ 연필을 떼지 않고 한 번에 그릴 수 있는 자음과 한 번에 그릴 수 없는 자음

한 번에 그릴 수 있는 자음	한 번에 그릴 수 없는 자음

❸ 둘러싸인 곳이 있는 자음과 둘러싸인 곳이 없는 자음

둘러싸인 곳이 있는 자음	둘러싸인 곳이 없는 자음

1 다음 그림을 주어진 기준에 따라 분류해 보시오.

⊙ π ⓛ ☺ ⓒ S ⓔ P ⓜ ⊠ ⓫ X

반으로 접을 때 완전히 겹쳐짐	반으로 접을 때 완전히 겹쳐지지 않음

2 1부터 9까지의 숫자 중에서 다음 조건을 모두 만족하는 숫자를 쓰시오.

1 2 3 4 5 6 7 8 9

⊙ 곧은 선이 없고 굽은 선으로만 되어 있는 숫자
ⓛ 연필을 떼지 않고 한 번에 그릴 수 있는 숫자
ⓒ 가로로 반으로 접었을 때 완전히 겹쳐지는 숫자
ⓔ 옆으로 뒤집어도 같은 모양이 되는 숫자

이것도 몰라!

1을 옆으로 뒤집으면 1
2를 옆으로 뒤집으면 ς

2 여러 가지 분류 방법

대마법사 멀린이 수학 요정에게 숲 속의 동물을 2가지로 분류하라고 하였습니다.

네 발로 땅위를 걸어 다니는 동물은 모두 새끼를 낳는군. 새끼를 낳는 동물들은 여기로 모여라.

날개가 있어 하늘을 날 수 있는 동물들은 모두 알을 낳는군. 날개를 가진 동물들은 모두 여기로 모여.

그런데 박쥐는 한 곳에 있지 못하고 여기에 있다가 저기에 있다가 합니다.

박쥐 너는 왜 한 곳에 있지 못하고 왔다 갔다 하니?

저는 하늘을 날 수 있는 날개를 가진 데다가 새끼를 낳아요.

수학 요정이 다음과 같이 분류하면 박쥐는 각각 어디에 속합니까?

새끼를 낳는 동물	알을 낳는 동물

 _____

날개가 없는 동물	날개가 있는 동물

 _____

기준에 따라 안경테를 분류하려고 합니다. 빈 곳에 알맞은 기호를 쓰시오.

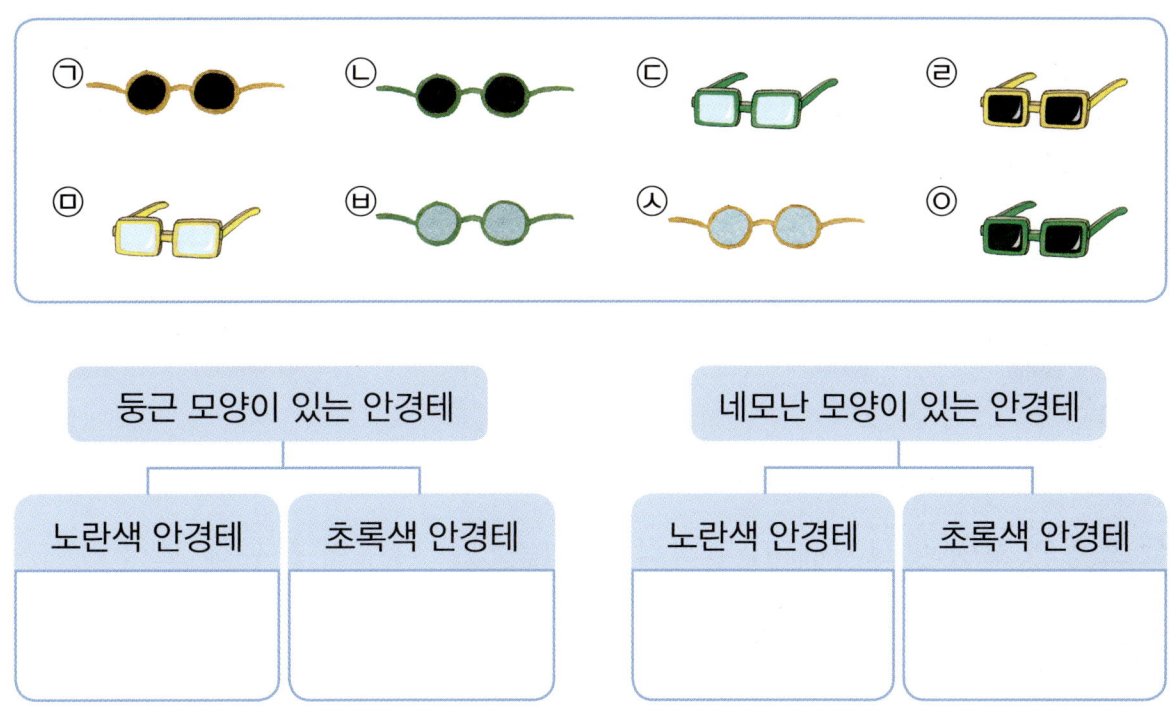

둥근 모양이 있는 안경테		네모난 모양이 있는 안경테	
노란색 안경테	초록색 안경테	노란색 안경테	초록색 안경테

노크 포인트

여러 가지 분류 방법

• 나뭇가지 그림 분류

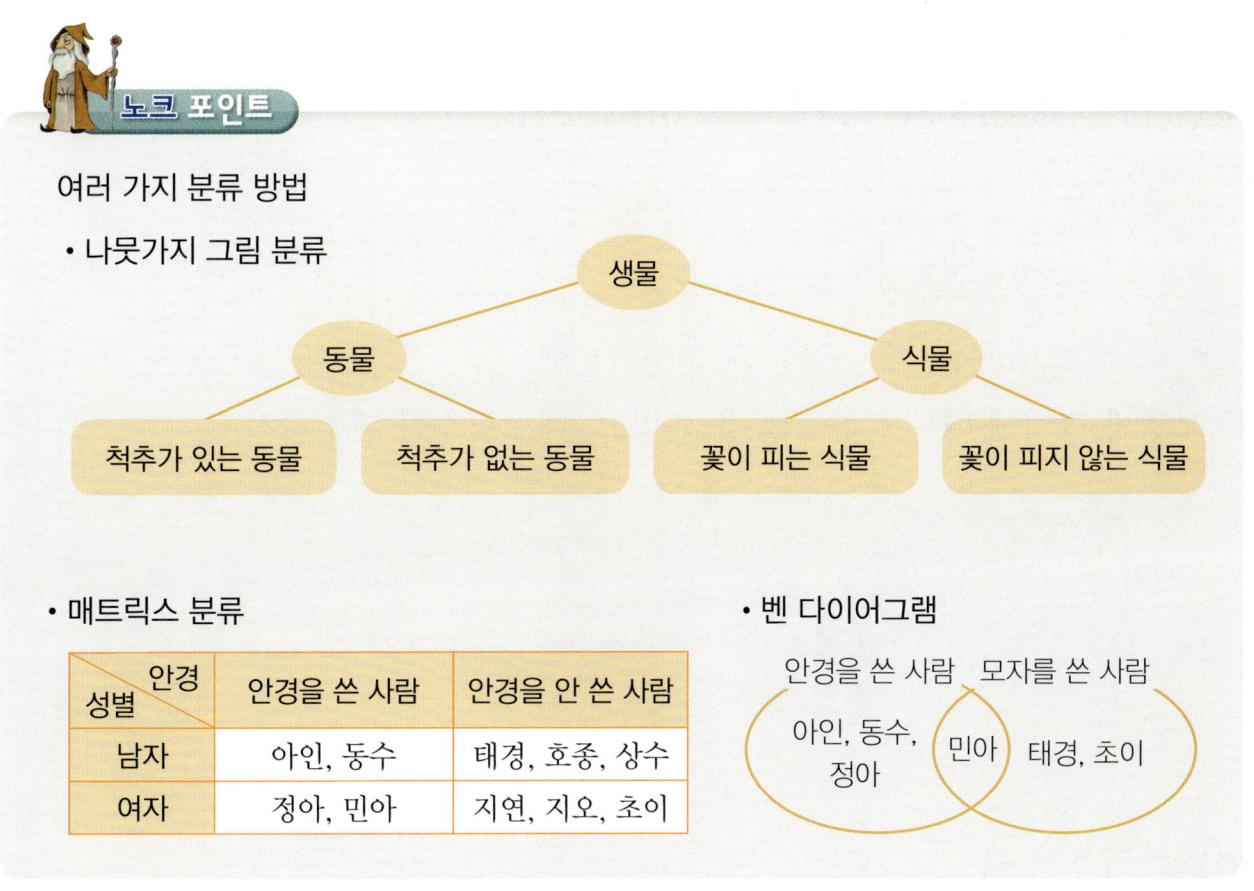

• 매트릭스 분류

안경 성별	안경을 쓴 사람	안경을 안 쓴 사람
남자	아인, 동수	태경, 호종, 상수
여자	정아, 민아	지연, 지오, 초이

• 벤 다이어그램

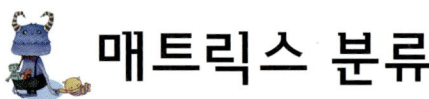

매트릭스 분류

매트릭스를 이용하여 분류하면 두 가지 조건을 동시에 만족하는 것을 한눈에 알 수 있습니다. 다음 도형을 분류해 봅시다.

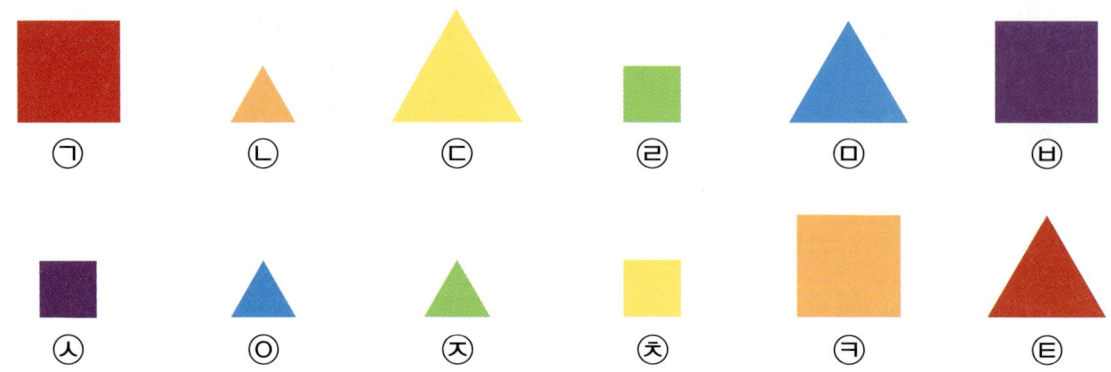

❶ 도형의 모양과 크기에 따라 각각 두 기준으로 나누어 분류해 보시오.

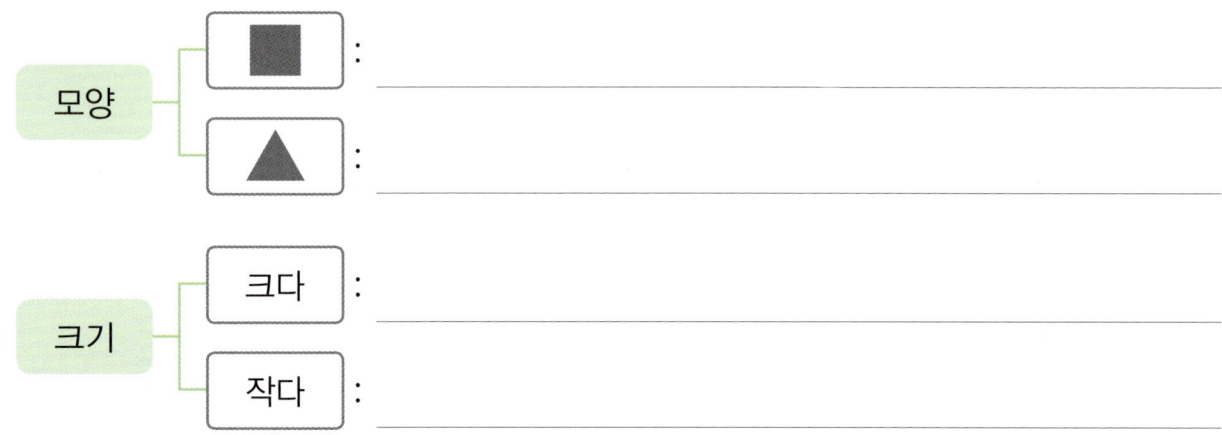

❷ 모양과 크기에 따른 분류 기준을 써넣고, 매트릭스를 완성하시오.

모양 크기		

1 지오의 티셔츠를 매트릭스 분류 방법으로 정리하려고 합니다. 빈 곳에 알맞은 기호를 쓰시오.

분류 기준	단추 없음	단추 있음
반팔 티셔츠		
긴팔 티셔츠		

이것도 몰라!

단추 없는 반팔, 단추 있는 반팔, 단추 없는 긴팔, 단추 있는 긴팔로 나누어 봐.

[우유 분류하기]

2 우유가 일정한 기준에 따라 다음과 같이 진열되어 있습니다. 왼쪽의 우유가 진열되어야 하는 곳의 기호를 쓰시오.

 # 벤 다이어그램

같은 속성을 가진 것을 같은 원 안에 넣어 분류하는 것을 **벤 다이어그램**이라고 합니다. 물음에 답하시오.

❶ 안경을 쓴 사람과 모자를 쓴 사람으로 벤 다이어그램을 그리려고 합니다. 다음 벤 다이어그램의 ②에 들어갈 수 있는 기준을 쓰시오.

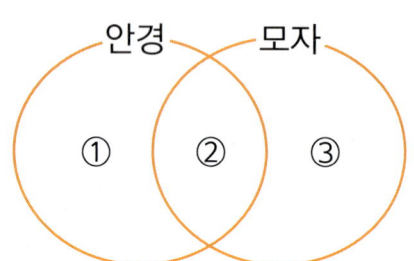

①: 안경을 쓰고 모자를 쓰지 않은 사람

②: _____

③: 모자를 쓰고 안경을 쓰지 않은 사람

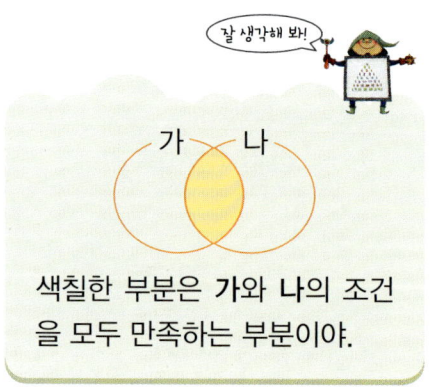

색칠한 부분은 **가**와 **나**의 조건을 모두 만족하는 부분이야.

❷ 다음을 보고 안경을 쓴 사람과 모자를 쓴 사람의 벤 다이어그램을 완성하려고 합니다. 빈 곳에 알맞은 번호를 쓰시오.

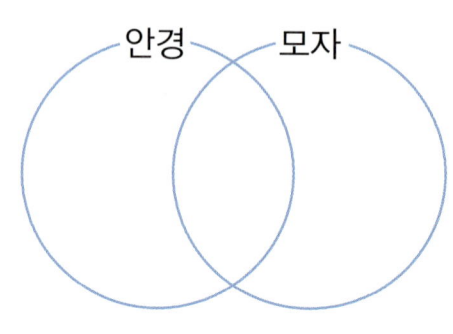

1 지오는 길쭉한 모양과 채소를 모아서 벤 다이어그램으로 나타내었습니다. 오이
를 놓아야 하는 곳을 색칠하시오.

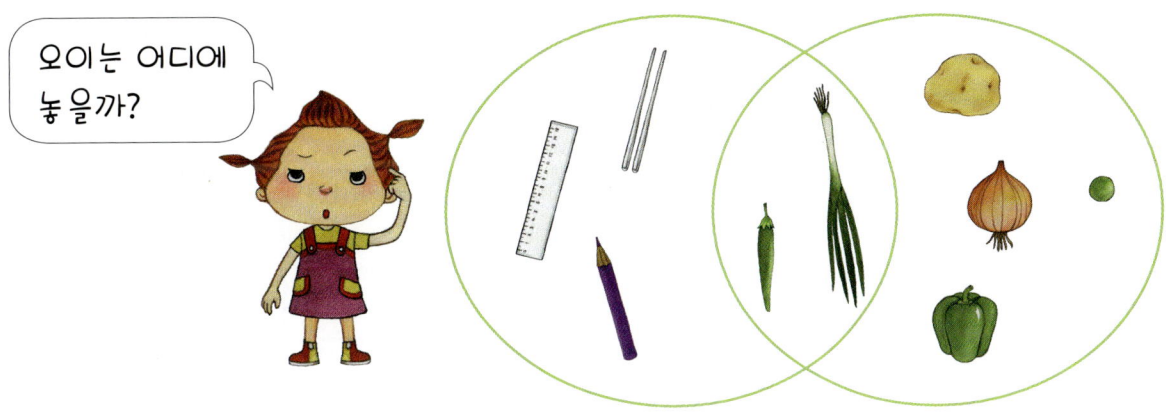

오이는 어디에 놓을까?

[알맞은 특징 고르기]

2 단추를 분류하여 벤 다이어그램으로 나타내었습
니다. 색칠한 곳에 들어가는 단추에 ⭕표 하시오.

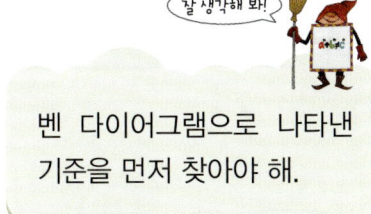

벤 다이어그램으로 나타낸
기준을 먼저 찾아야 해.

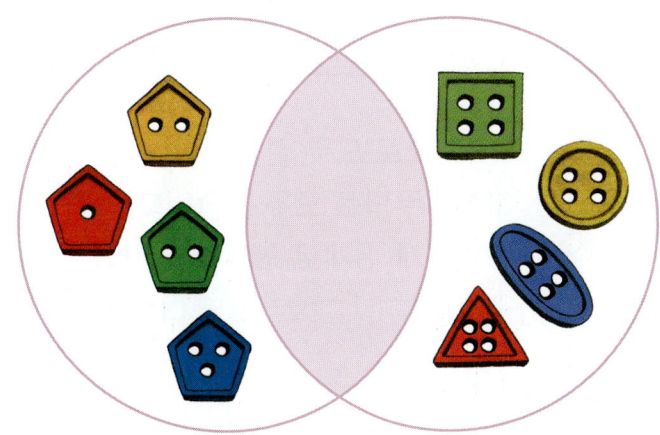

3 속성 게임

셋 게임은 속성을 이용한 카드 게임입니다. 셋 카드는 다음과 같이 **4**가지 다른 속성을 가지고 있습니다.

개수

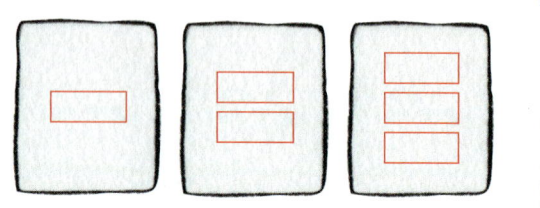

모양

무늬

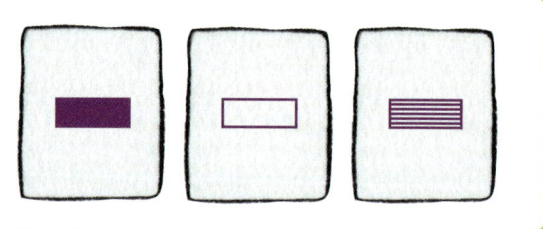

색깔

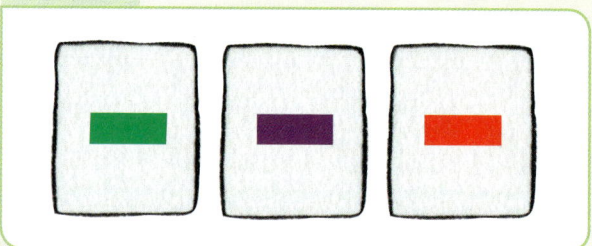

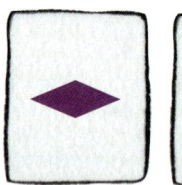  

색깔은 보라색으로 모두 같습니다.
무늬는 채워진 무늬로 모두 같습니다.
개수는 **1**개, **2**개, **3**개로 모두 다릅니다.
모양은 ◇, ▭, ◯로 모두 다릅니다.

> 왼쪽 3장의 카드는 색깔과 무늬는 모두 같고, 개수와 모양은 모두 다른 카드야.

두 장의 셋 카드가 가지고 있는 같은 속성에 모두 ◯표 하시오.

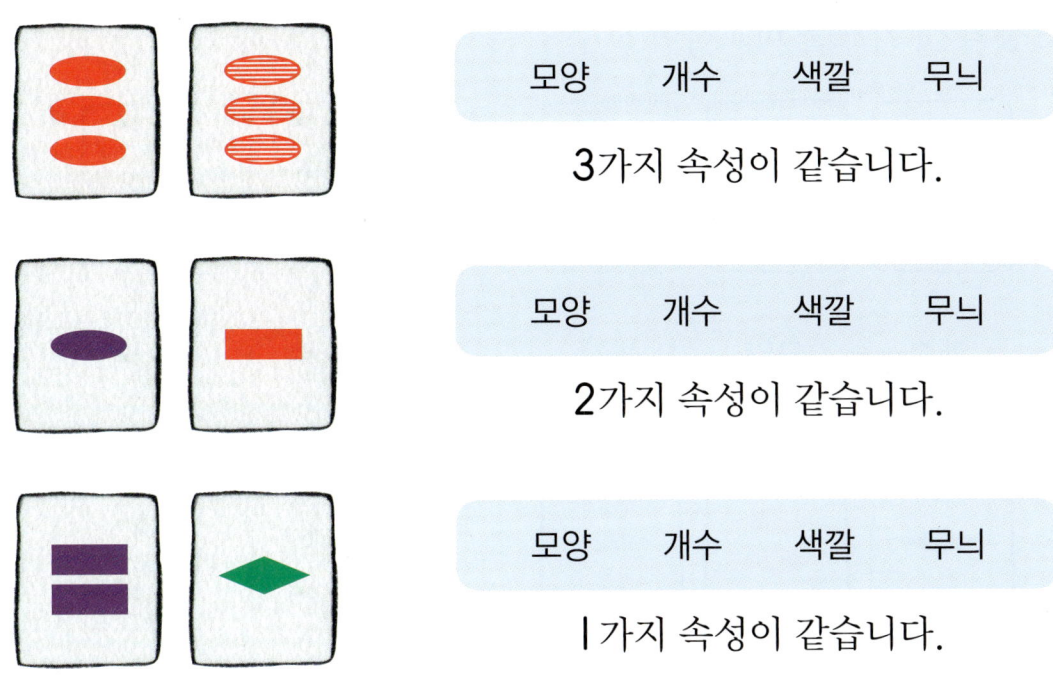

모양	개수	색깔	무늬

3가지 속성이 같습니다.

모양	개수	색깔	무늬

2가지 속성이 같습니다.

모양	개수	색깔	무늬

|가지 속성이 같습니다.

셋 게임은 도형의 4가지 속성 중 모두 다르거나 모두 같은 속성을 가진 3장의 카드를 찾는 게임입니다. 이 게임에서 이기려면 도형의 속성을 빠르게 분류하고 비교할 수 있어야 합니다.

모양이 모두 같습니다.
개수가 모두 같습니다.
색깔이 모두 다릅니다.
무늬가 모두 같습니다.

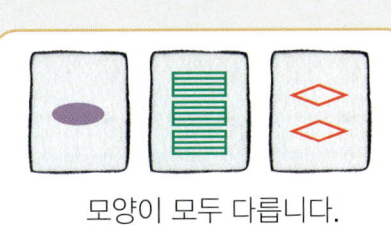

모양이 모두 다릅니다.
개수가 모두 다릅니다.
색깔이 모두 다릅니다.
무늬가 모두 다릅니다.

 속성 비교하기

셋 카드의 속성을 서로 비교해 봅시다.

① 3장의 셋 카드를 비교하여 모두 같은 속성에 ◯표 하시오.

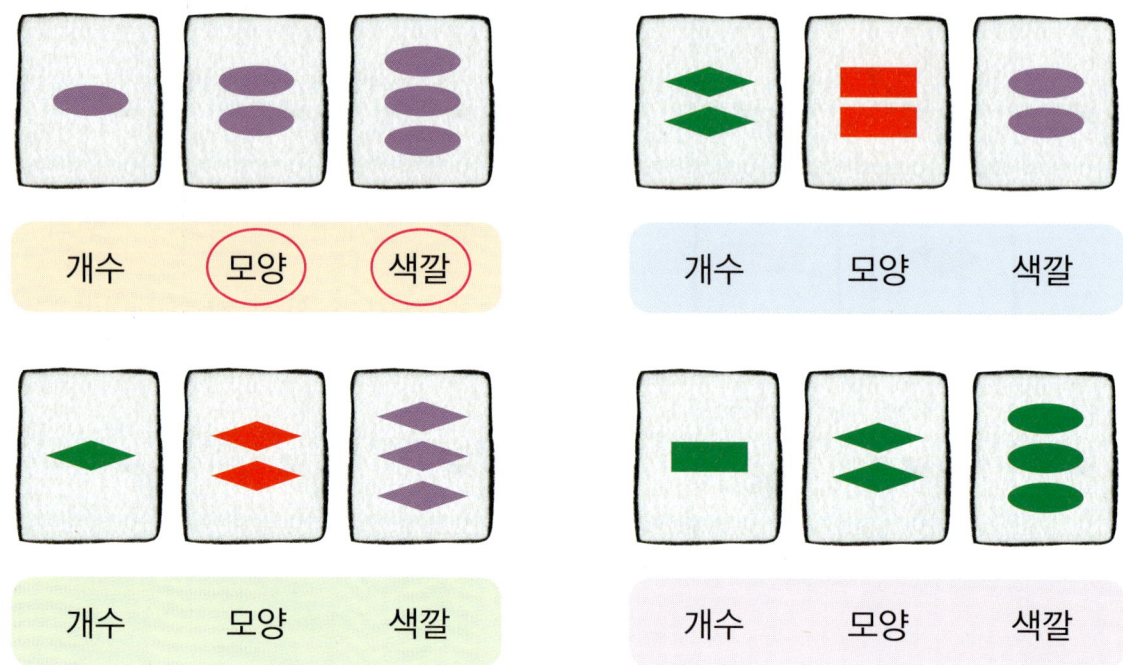

② 3장의 셋 카드를 비교하여 3장이 모두 다른 속성에 ◯표 하시오.

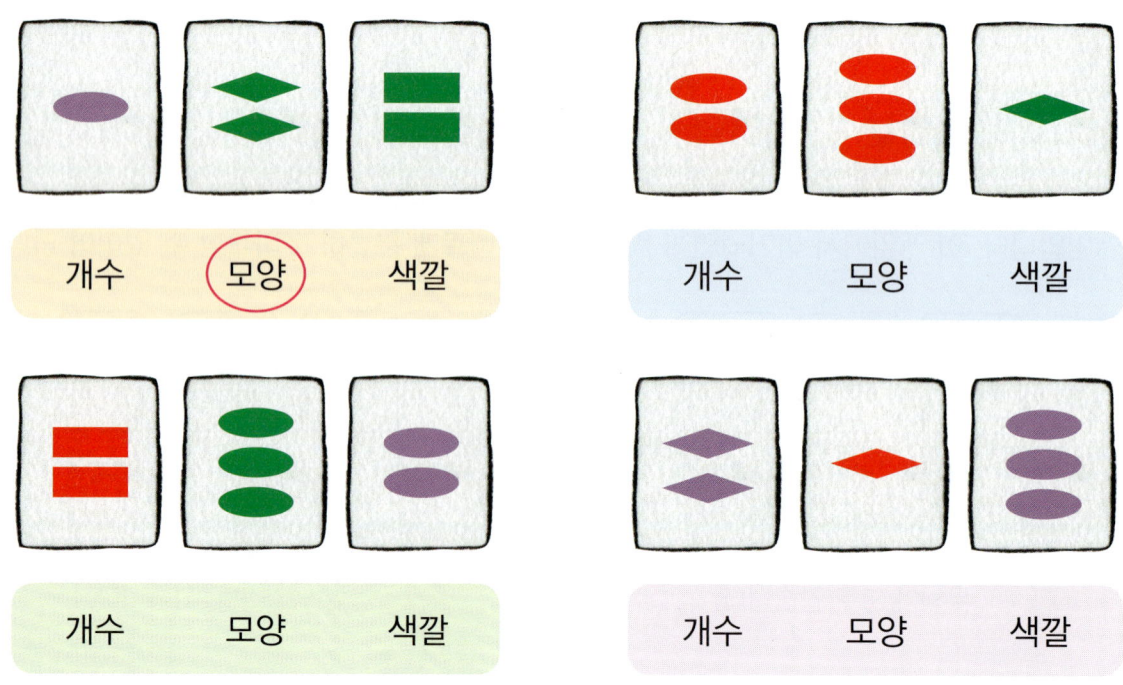

1 3장의 셋 카드를 비교하여 모두 같은 속성을 선으로 이으시오.

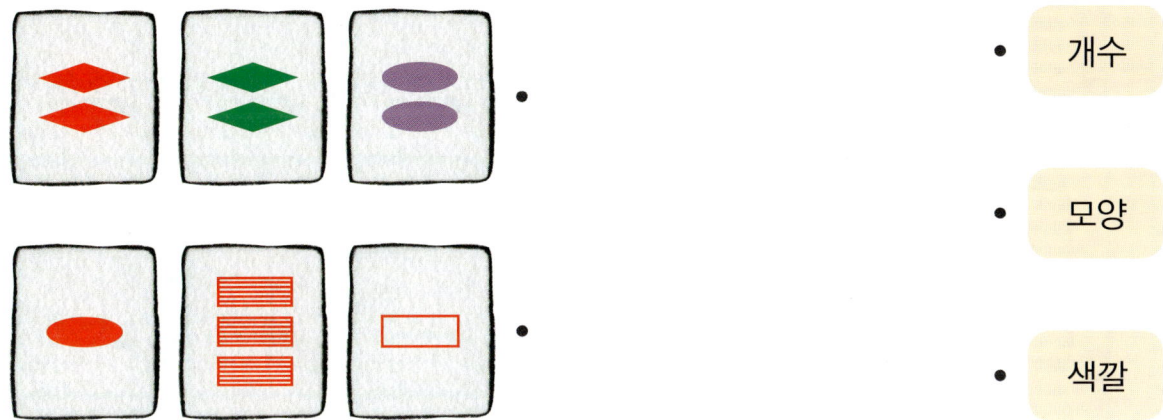

- 개수

- 모양

- 색깔

[속성이 모두 다른 모양]

2 다음 중 모양, 무늬, 색깔 속성이 모두 다른 모양 3개를 찾아 ○표 하시오.

이것도 몰라!

주어진 모양 속성에는 △, ○, □ 모양이 있어. □ 모양은 한 개니까 반드시 필요하겠지?

모두 같거나 모두 다르거나

셋 카드는 개수, 색깔, 모양, 무늬의 속성을 가지고 있습니다. 4개의 속성 중 모두 같거나 모두 다른 속성을 가진 카드 3장을 '똑똑'이라고 합니다. 물음에 답하시오.

① 다음은 '똑똑'이 되는 카드 3장입니다. 알맞은 말에 ◯표 하시오.

개수가 모두 (같습니다 , 다릅니다).　　개수가 모두 (같습니다 , 다릅니다).

색깔이 모두 (같습니다 , 다릅니다).　　색깔이 모두 (같습니다 , 다릅니다).

모양이 모두 (같습니다 , 다릅니다).　　모양이 모두 (같습니다 , 다릅니다).

무늬가 모두 (같습니다 , 다릅니다).　　무늬가 모두 (같습니다 , 다릅니다).

② 3장의 카드 중 1장을 왼쪽 카드와 바꾸면 '똑똑'이 된다고 합니다. '똑똑'이 되려면 바뀌어야 하는 카드에 ◯표 하시오.

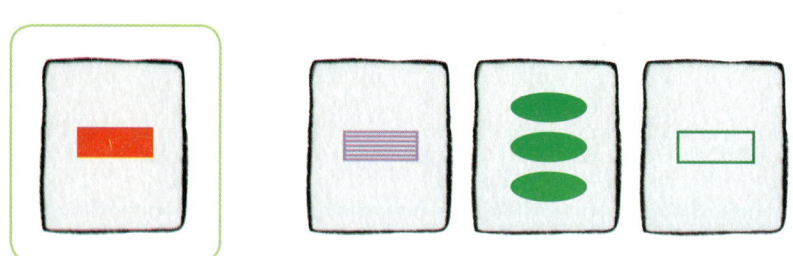

이것도 몰라!

속성을 하나씩 비교해 보며 찾아야 해.

1 3개의 도형이 색깔은 모두 같고 모양이 모두 다르면 '팡팡', 색깔과 모양이 모두 다르면 '퐁퐁'이라고 합니다. '팡팡'과 '퐁퐁'을 찾아 묶어 보시오. (단, '팡팡'이면서 '퐁퐁'인 도형은 없습니다.)

[속성이 같은 카드]

2 다음 중 '똑똑'이 되는 카드 3장을 찾아 ◯표 하시오.

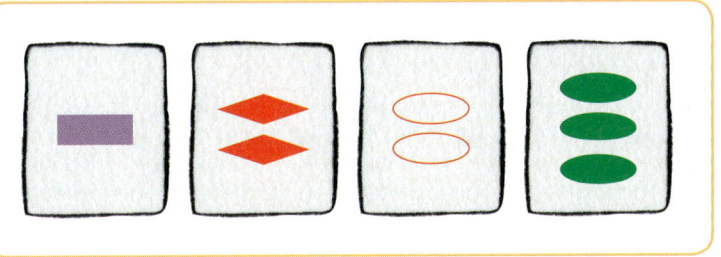

잘 생각해 봐!

카드 3장 중 2장의 속성이 같고 한 장만 다르면 '똑똑'이 안 돼.

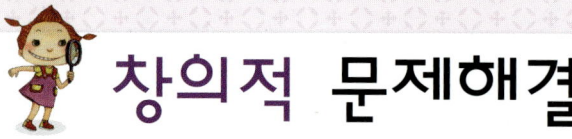

창의적 문제해결력

1 주어진 단어들 사이의 관계를 생각하여 분류하려고 합니다. ☐ 안에 알맞은 기호를 써넣으시오.

⊙ 오토바이 　ⓛ 바퀴 2개
ⓒ 버스 　　　ⓔ 자전거
ⓜ 탈 것 　　　ⓗ 승용차
ⓐ 바퀴 4개

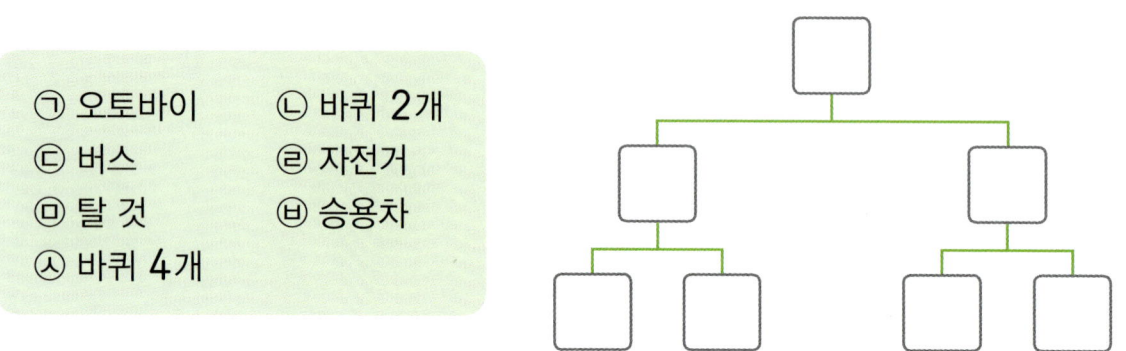

2 기준에 따라 모양을 매트릭스로 분류한 것입니다. 잘못 분류되어 있는 도형을 찾아 모두 ✕표 하시오.

분류 기준	서로 같은 모양 2개	서로 다른 모양 2개
겹치지 않게 만나는 경우		
겹치게 만나는 경우		

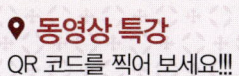
3 지오는 같은 반 학생 중에서 안경을 쓴 사람과 모자를 쓴 사람을 조사하여 벤 다이어그램으로 나타내었습니다. 벤 다이어그램 안의 수는 각 부분에 해당하는 사람의 수입니다. 안경만 쓴 사람은 모자만 쓴 사람보다 몇 명 더 많습니까?

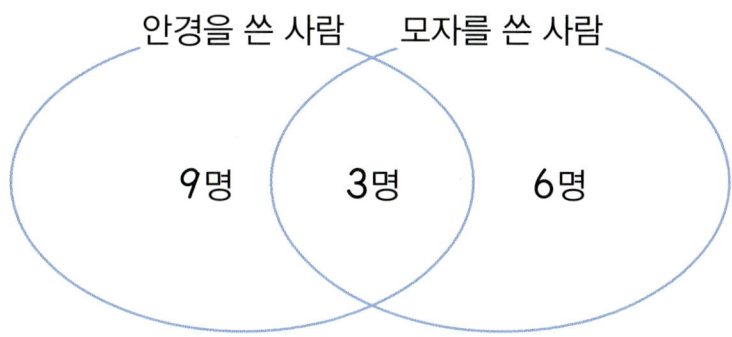

안경을 쓴 사람   모자를 쓴 사람

9명   3명   6명

4 다음 중 모양, 구멍 개수, 색깔 속성이 모두 다른 단추 3개를 찾아 ◯표 하시오.

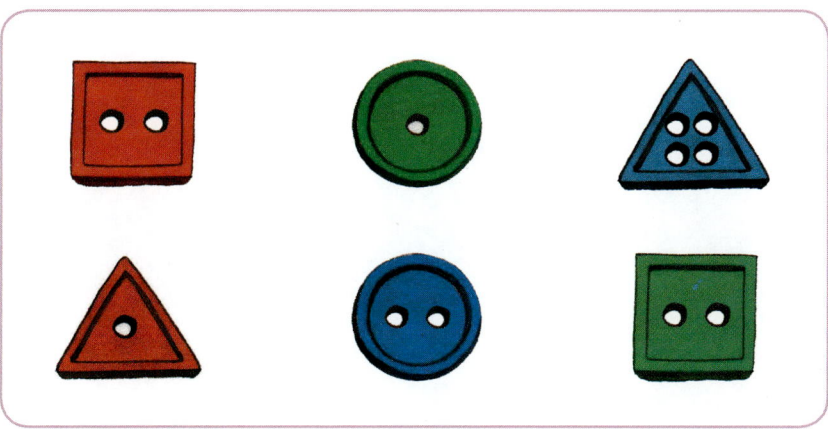

Chapter 2

선거와
당번 뽑기

나뭇가지 그림

대마왕을 무서워하는 꼬마 요괴들이 깃발 **3**개를 이용하여 신호를 주고 받기로 하였습니다.

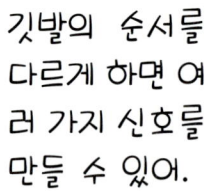

깃발의 순서를 다르게 하면 여러 가지 신호를 만들 수 있어.

왼쪽부터 빨강, 파랑, 노랑 순으로 깃발을 올리면 대마왕이 화가 났다는 신호야.

다른 꼬마 요괴들도 여러 가지 신호를 만들려고 합니다.

빨강, 노랑, 파랑 순으로 깃발을 올리면 대마왕이 먹을 것을 찾는다는 신호야.

이 **3**개의 깃발로 몇 가지의 신호를 만들 수 있지?

왼쪽부터 빨강, 파랑, 노랑 깃발을 꽂는 방법을 나뭇가지 그림으로 나타내었습니다. 빈 곳에 알맞은 색깔을 쓰시오.

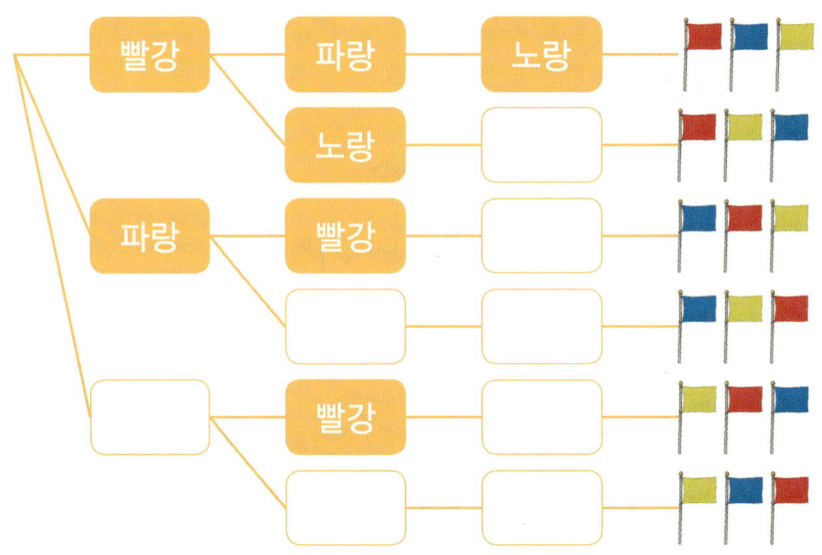

깃발 **3**개를 이용하여 만들 수 있는 신호는 몇 가지입니까?

① 3마리의 동물을 한 줄로 세우려고 합니다. 가를 맨 앞에 세웠을 때 줄을 서는 순서를 나뭇가지 그림으로 나타내었습니다. 빈 곳에 알맞은 기호를 쓰시오.

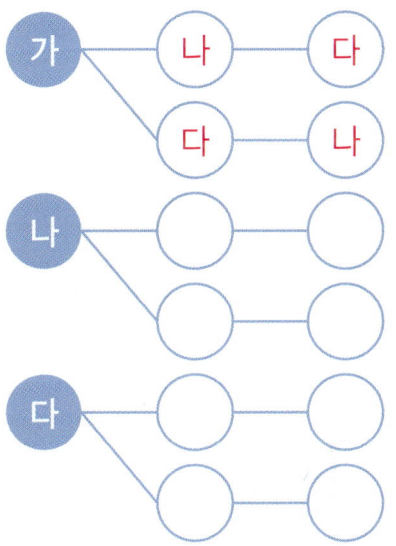

② 3마리의 동물을 한 줄로 세울 수 있는 방법은 몇 가지입니까?

노크 포인트

가짓수를 구할 때 나뭇가지 모양으로 순서대로 나열한 것을 나뭇가지 그림이라고 합니다. 나뭇가지 그림은 순서를 정해서 차례로 쓰는 것이 중요합니다.

• 숫자 1, 2, 3으로 만들 수 있는 세 자리 수

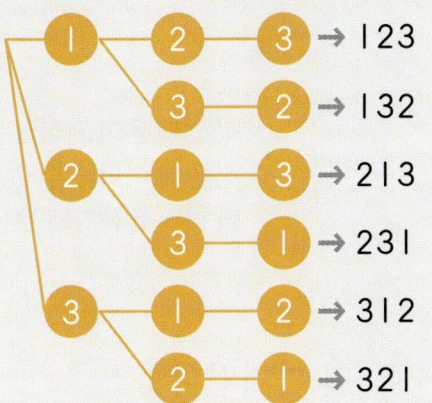

백의 자리에 1이 오는 경우가 2가지이고, 2와 3이 올 때도 각각 2가지인 것을 생각하여 곱셈 식을 세워 구할 수도 있습니다.
$3 \times 2 = 6$(가지)

 신호등

꼬마 요괴가 장난을 쳐서 고장난 신호등은 빨간색만 켜지고, 등이 켜지기도 하고 꺼지기도 합니다. 고장난 신호등으로 나타낼 수 있는 신호는 몇 가지인지 알아봅시다.

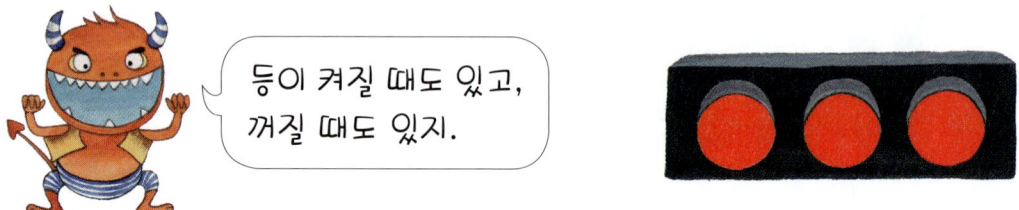

❶ 불이 켜진 등은 색칠하고, 꺼진 등은 ✕표 하여 고장난 신호등이 나타낼 수 있는 신호를 나뭇가지 그림으로 나타내어 보시오.

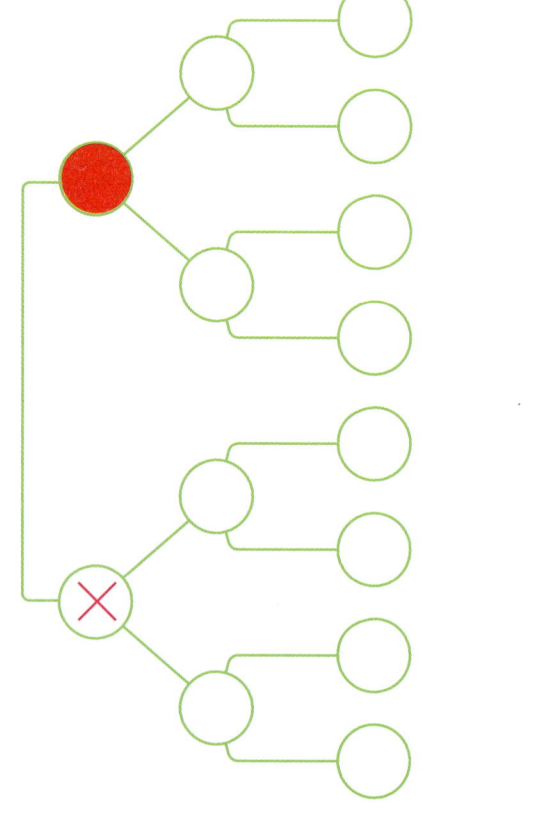

첫 번째 등이 켜졌을 때와 꺼졌을 때 나타낼 수 있는 신호로 나누어 생각해 보는 거야.

❷ 고장난 신호등으로 나타낼 수 있는 신호는 모두 몇 가지입니까?

1 파란색과 노란색 색연필로 아래의 칸을 색칠하려고 합니다. 한 칸에는 한 가지 색만 칠할 때 색칠하는 방법은 모두 몇 가지입니까? (단, 두 칸에 같은 색을 칠해도 됩니다.)

[2가지 색 등]

2 빨간색 또는 초록색이 켜지는 등이 있습니다. 등이 모두 꺼지거나 모두 켜지는 경우를 포함하여 등으로 나타낼 수 있는 신호는 모두 몇 가지입니까?

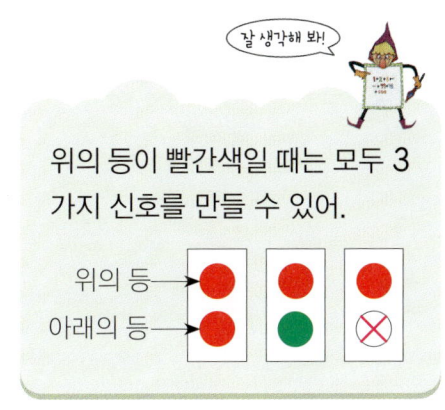

잘 생각해 봐!

위의 등이 빨간색일 때는 모두 3가지 신호를 만들 수 있어.

위의 등 →
아래의 등 →

 선거

꼬마 요괴들이 대장과 부대장을 뽑는 선거를 하기로 하였습니다. 다음 4명의 후보 중에서 대장과 부대장을 뽑는 경우는 모두 몇 가지인지 알아봅시다.

기호 1번 딴소리

기호 2번 거꾸로

기호 3번 잠만자

기호 4번 울보

❶ 대장과 부대장을 뽑는 방법을 나타낸 나뭇가지 그림입니다. ◯ 안에 번호를 써 넣어 대장과 부대장을 뽑는 경우는 모두 몇 가지인지 구하시오.

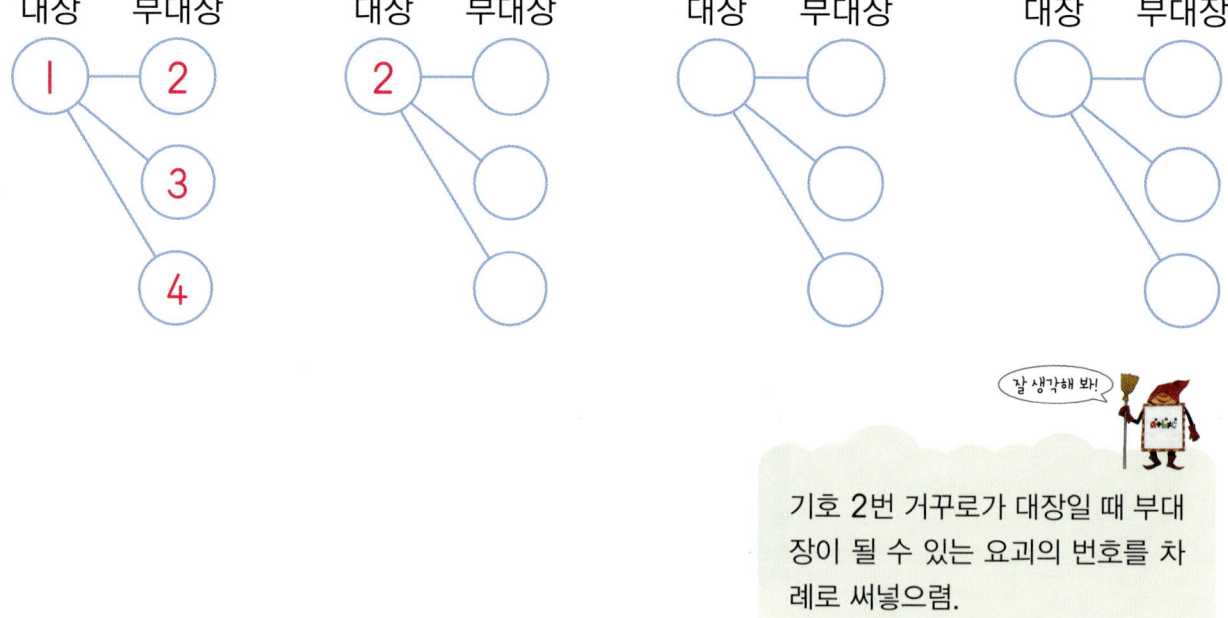

잘 생각해 봐!

기호 2번 거꾸로가 대장일 때 부대장이 될 수 있는 요괴의 번호를 차례로 써넣으렴.

❷ ❶의 나뭇가지 그림을 보고 곱셈식을 만들어 대장과 부대장을 뽑는 경우는 모두 몇 가지인지 구하시오.

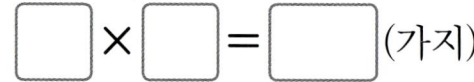

☐ × ☐ = ☐ (가지)

[젤리 골라 먹기]

1 아인이와 초이가 젤리 4개 중 한 개씩 골라 먹는 방법은 모두 몇 가지인지 구하시오.

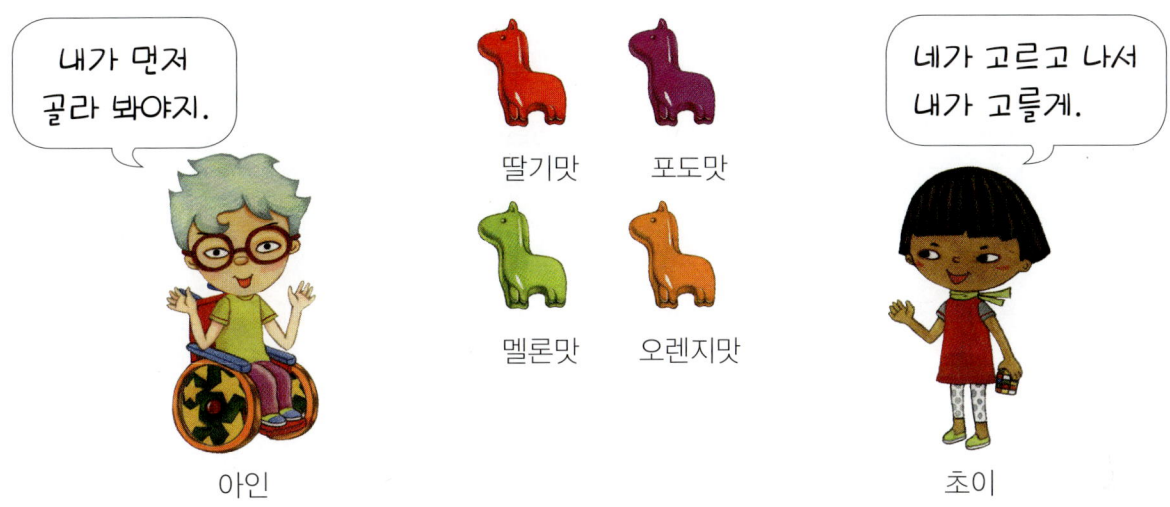

내가 먼저 골라 봐야지.

딸기맛   포도맛

멜론맛   오렌지맛

네가 고르고 나서 내가 고를게.

아인

초이

[두 자리 수 만들기]

2 다음 숫자 카드 4장 중 2장을 뽑아 만들 수 있는 두 자리 수는 몇 개인지 구하시오.

이것도 몰라!

십의 자리에 놓을 수 없는 카드가 하나 있잖아. 보이지?

5 선 잇기

새학기에 같은 모둠이 된 친구 5명이 서로 한 번씩 악수를 하고 있습니다.

아인이가 지오와 악수하는 것을 선으로 나타내었습니다. 5명이 악수하는 경우를 선을 그어 나타내고 모두 몇 번 하는지 구하시오.

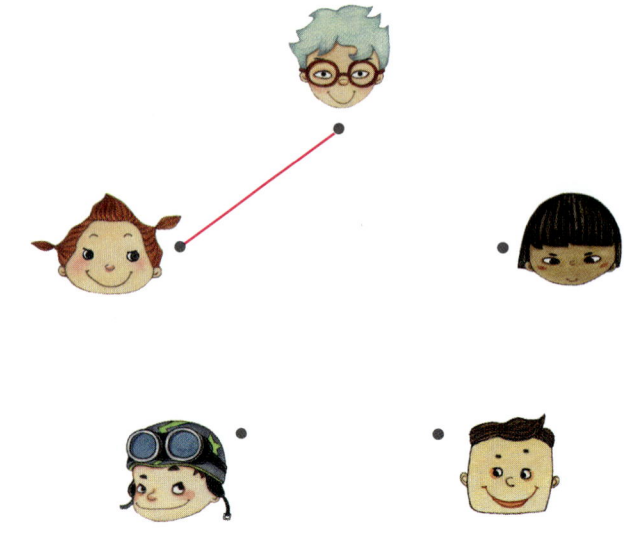

태경, 지오, 초이, 아인이 중 두 사람이 서로 한 번씩 탁구 경기를 하려고 합니다. 4명의 경기를 선을 그어 나타내고, 경기를 모두 몇 번하는지 구하시오.

악수를 하는 횟수, 점 2개를 골라 그을 수 있는 선분의 개수 등과 같이 짝을 짓는 가짓수를 구할 때에는 선을 그어서 해결하는 것이 좋습니다.

· 4개의 구슬 중 2개를 고르는 경우

➡ 3+2+1=6(가지)

선을 그을 때는 한 곳에서 다른 곳에 선을 연결한 다음, 연결하지 않은 곳을 찾아 차례로 연결하면서 규칙을 발견할 수 있습니다.

선분의 개수

두 점을 곧게 이은 선을 선분이라고 하고, 점 ㄱ과 점 ㄴ을 이은 선분을 선분 ㄱㄴ이라고 합니다. 두 점을 이어 그을 수 있는 선분의 개수를 구해 봅시다.

선분 ㄱㄴ

① 다음과 같이 세 점이 놓여 있습니다. 세 점 중 두 점을 이은 선분을 모두 그리고, 선분의 이름을 쓰시오.

선분 [ ]　　　선분 [ ]　　　선분 [ ]

② 점 5개 중 2개를 이어 그릴 수 있는 선분의 개수를 세려고 합니다. 점 ㄱ에서 그릴 수 있는 선분은 4개입니다. 점 ㄴ, 점 ㄷ, 점 ㄹ, 점 ㅁ의 순서대로 선분을 그려 보고, 다음 덧셈식을 완성하시오. 그릴 수 있는 선분은 모두 몇 개입니까?

점 ㄴ에서 점 ㄱ을 잇는 선분은 그릴 필요가 없어. 선분 ㄱㄴ과 같기 때문이지.

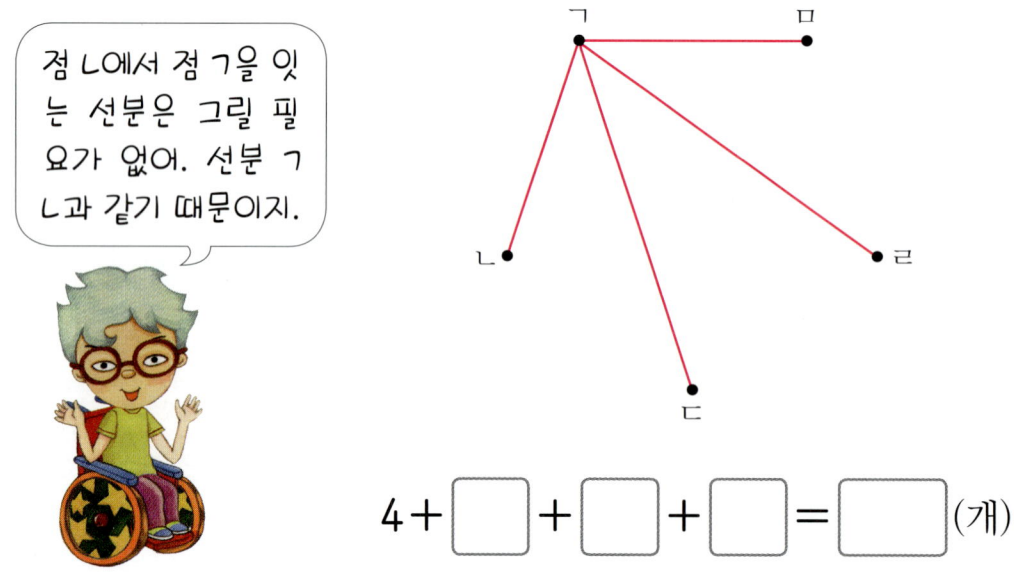

$4 + \boxed{} + \boxed{} + \boxed{} = \boxed{}$ (개)

[선분의 개수]

1 점 2개를 이어서 선분을 그렸을 때, 점의 수에 따라 만들 수 있는 선분의 개수를 나타낸 표입니다. ☐ 안에 알맞은 수를 써넣으시오.

점의 수	선분의 개수를 구하는 식	선분의 개수
△	$2+1$	3
	$3+\boxed{}+1$	$\boxed{}$
	$4+\boxed{}+\boxed{}+1$	$\boxed{}$
	$\boxed{}+\boxed{}+\boxed{}+\boxed{}+\boxed{}$	$\boxed{}$

[원 위의 점]

2 원 위의 점 8개 중 점 2개를 이어 만들 수 있는 선분은 모두 몇 개입니까?

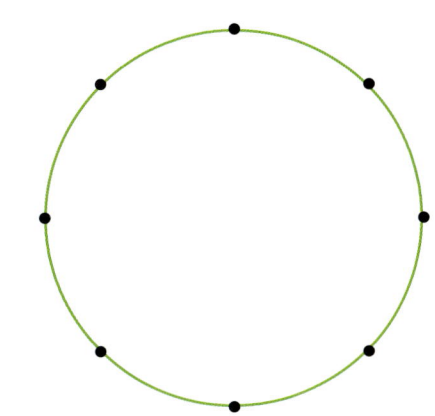

당번 선발

꼬마 요괴 5명 중에서 2명이 대마왕의 성을 매일 청소해야 합니다. 2명씩 청소 당번을 정하는 방법은 몇 가지가 있는지 알아봅시다.

❶ 꼬마 요괴들에게 ①, ②, ③, ④, ⑤ 번호를 붙였습니다. 2명씩 선으로 이어 보시오. 선으로 이은 꼬마 요괴 2명이 청소 당번이 됩니다.

❷ 선의 수를 세어 5명의 꼬마 요괴 중에서 2명의 청소 당번을 뽑는 방법의 가짓수를 구하시오.

5명 중에서 2명의 당번을 뽑는 가짓수는 점 5개 중에서 2개를 잇는 선분의 개수와 같군.

1 4명의 학생 중 2명이 심부름을 가기로 하였습니다. 선을 그어 심부름을 갈 학생 2명을 뽑는 가짓수를 구해 보시오.

[동물의 대표]

2 동물 6마리 중에서 대표 2마리를 뽑는 방법은 모두 몇 가지입니까?

잘 생각해 봐!

두 점을 잇는 선을 그리고, 그린 선의 개수를 세어 봐.

6 길의 가짓수

지오는 아침에 태경이네 집에 들러서 태경이와 함께 학교에 갑니다. 지오가 학교에 갈 수 있는 길을 모두 그려 보시오.

아인이네 집에서 학교에 가는 길과 태경이네 집에서 학교에 가는 길을 나타낸 것입니다. 집에서 출발하여 학교까지 가는 방법의 가짓수가 더 많은 사람은 누구입니까? (단, 한 번 지난 곳은 다시 지나지 않습니다.)

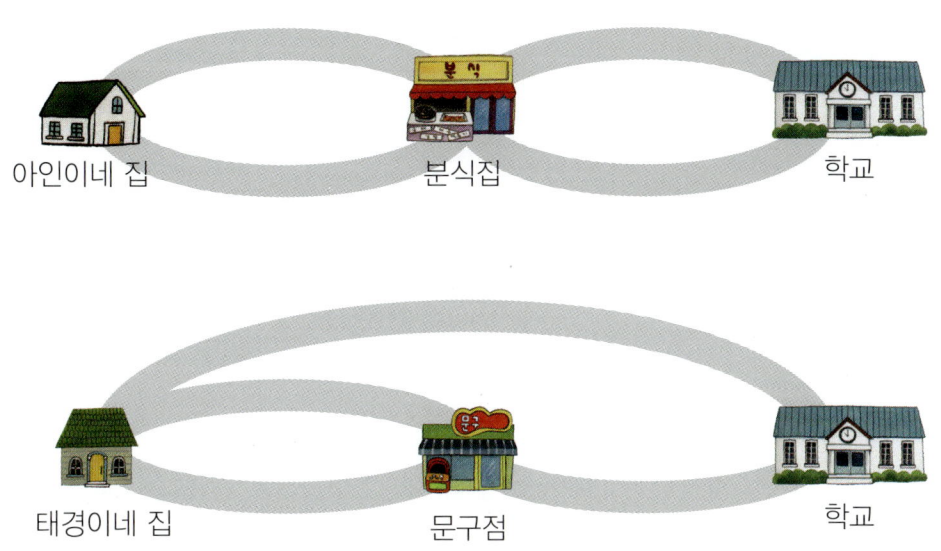

노크 포인트

파란색 길은 **가**에서 **나**를 지나서 **다**까지 가는 길이고, 빨간색 길은 **가**에서 **나**를 지나지 않고 **다**까지 바로 가는 길입니다. **가**에서 **나**를 지나서 **다**까지 가는 길의 가짓수는 곱셈을 이용해서 구할 수 있습니다.

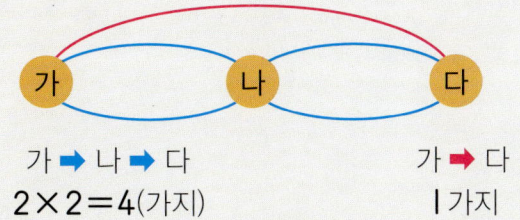

가에서 **다**까지 가는 길의 가짓수를 구할 때는 **나**를 지나서 가는 경우와 **나**를 지나지 않고 바로 가는 경우의 가짓수를 더합니다.

$$4 + 1 = 5(가지)$$

 # 가는 방법의 가짓수

서울에 사는 초이네 가족은 제주도 여행 계획을 세우고 있습니다. 목포를 지나는 방법과 바로 가는 방법 중 선택하려고 합니다. 서울에서 제주도까지 가는 방법은 모두 몇 가지인지 알아봅시다. (단, 한 번 지난 곳은 다시 지나지 않습니다.)

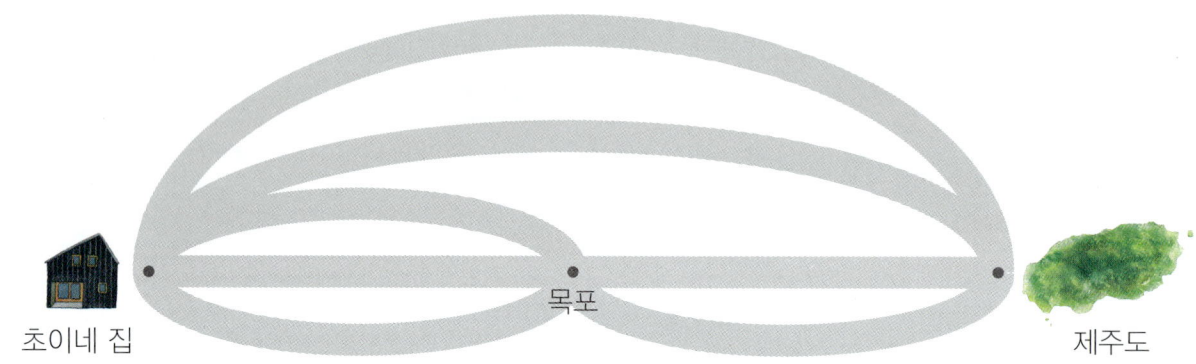

초이네 집   목포   제주도

❶ 목포를 지나서 제주도에 가는 방법의 가짓수를 곱셈식으로 구하시오.

$$\boxed{} \times \boxed{} = \boxed{} \text{(가지)}$$

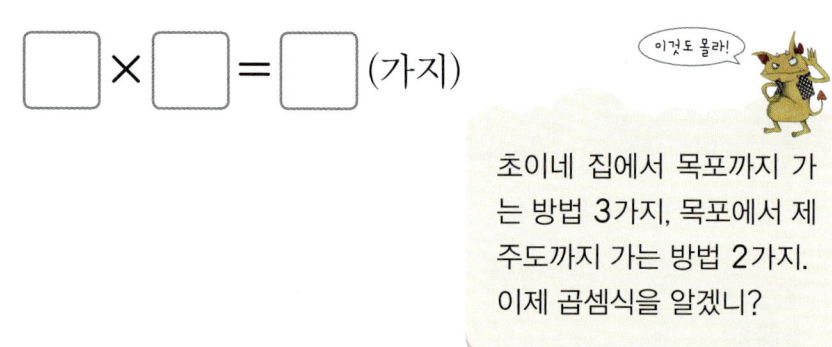

이것도 몰라!

초이네 집에서 목포까지 가는 방법 3가지, 목포에서 제주도까지 가는 방법 2가지. 이제 곱셈식을 알겠니?

❷ 목포를 지나지 않고 제주도에 바로 가는 방법은 몇 가지입니까?

❸ 초이네 가족이 제주도까지 가는 방법은 모두 몇 가지입니까?

1 태경이네 집에서 병원까지 가는 방법은 모두 몇 가지인지 구하시오. (단, 한 번 지난 곳은 다시 지나지 않습니다.)

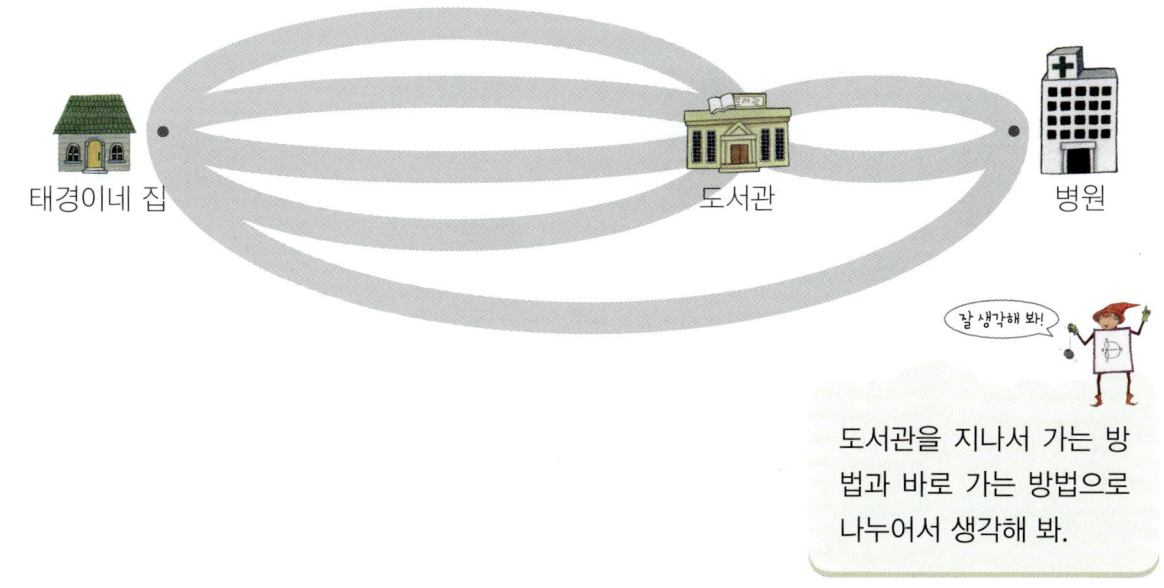

잘 생각해 봐!

도서관을 지나서 가는 방법과 바로 가는 방법으로 나누어서 생각해 봐.

2 지오네 집에서 할머니 댁까지 가는 방법은 모두 몇 가지인지 구하시오. (단, 한 번 지난 곳은 다시 지나지 않습니다.)

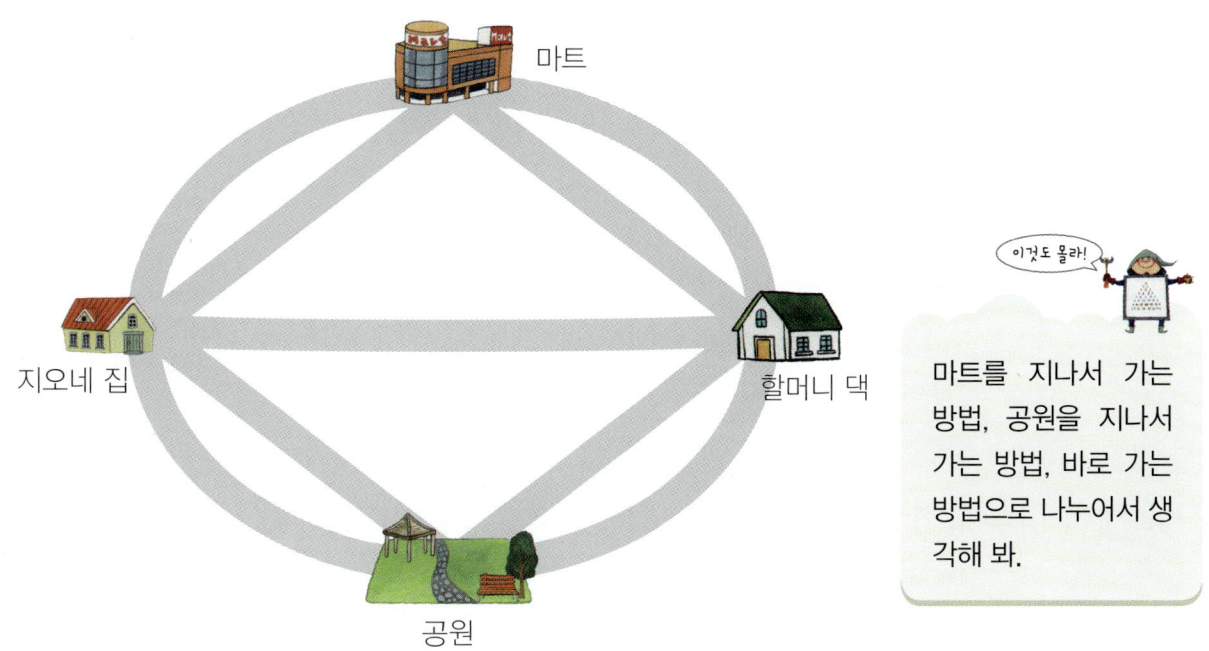

이것도 몰라!

마트를 지나서 가는 방법, 공원을 지나서 가는 방법, 바로 가는 방법으로 나누어서 생각해 봐.

최단 거리

어머니께서 아인이에게 심부름을 시키셨습니다. 집에서 마트까지 가는 가장 짧은 길은 몇 가지인지 알아봅시다.

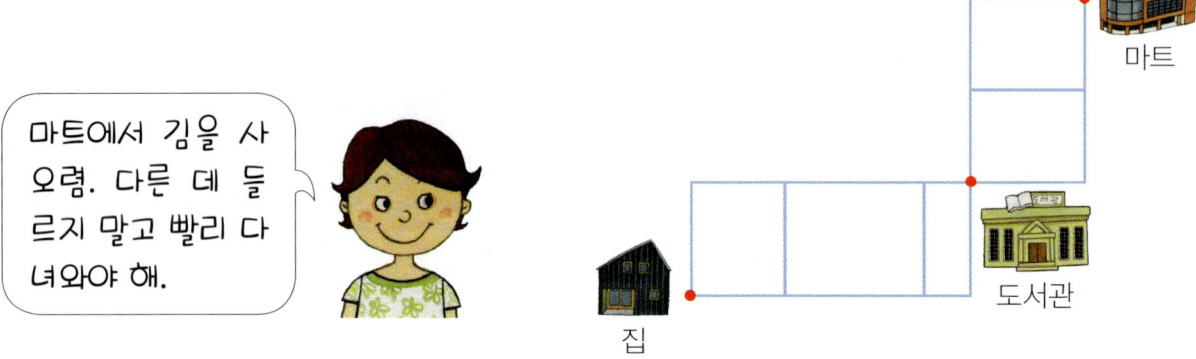

① 집에서 도서관까지 가는 가장 짧은 길을 모두 그려 보시오. 모두 몇 가지입니까?

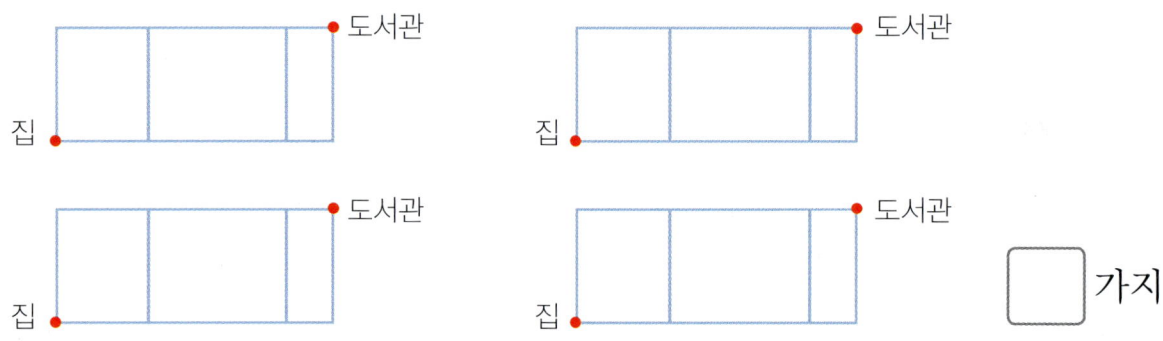

⬜ 가지

② 도서관에서 마트까지 가는 가장 짧은 길을 모두 그려 보시오. 모두 몇 가지입니까?

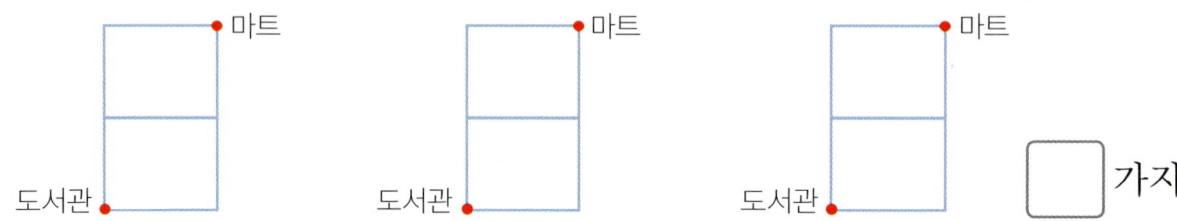

⬜ 가지

③ 집에서 마트까지 가는 가장 짧은 길은 모두 몇 가지입니까?

⬜ × ⬜ = ⬜ (가지)

1 [태경이의 등굣길]

태경이네 집에서 도서관을 지나 학교에 가는 가장 짧은 길은 모두 몇 가지인지 구하시오.

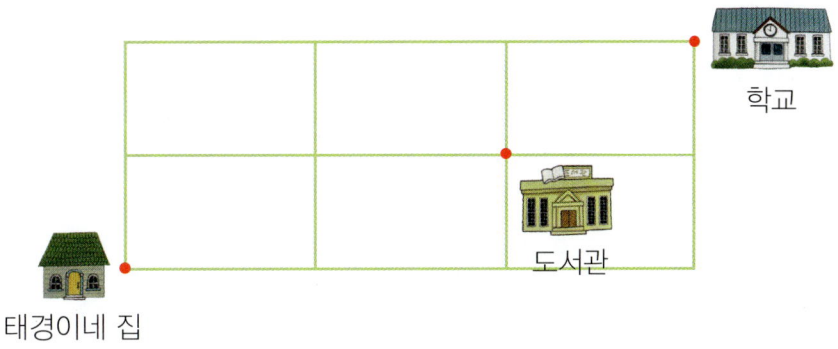

2 [전봇대]

강아지가 집에서 출발하여 전봇대까지 가려고 합니다. ㉠을 지나서 가는 가장 짧은 길의 가짓수와 ㉡을 지나서 가는 가장 짧은 길의 가짓수를 각각 구하시오.

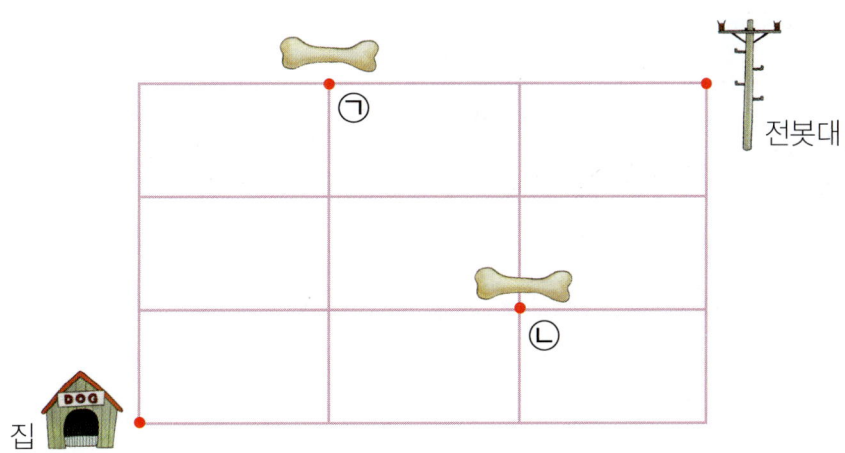

창의적 문제해결력

1 학생 4명이 서로 한 번씩 악수를 하려고 합니다. 악수를 모두 몇 번하게 됩니까?

2 태경, 아인, 지오, 초이가 한 줄로 서려고 합니다. 태경이 다음에 바로 아인이가 줄을 서는 방법은 모두 몇 가지인지 구하시오.

태경　　　아인　　　지오　　　초이

나뭇가지 그림을 그려 봐.
태경─아인┌지오─초이
　　　　　└초이─지오
지오┌태경─아인─초이

3 지오네 집에서 공원까지 가는 방법은 모두 몇 가지인지 구하시오. (단, 한 번 지
난 곳은 다시 지나지 않습니다.)

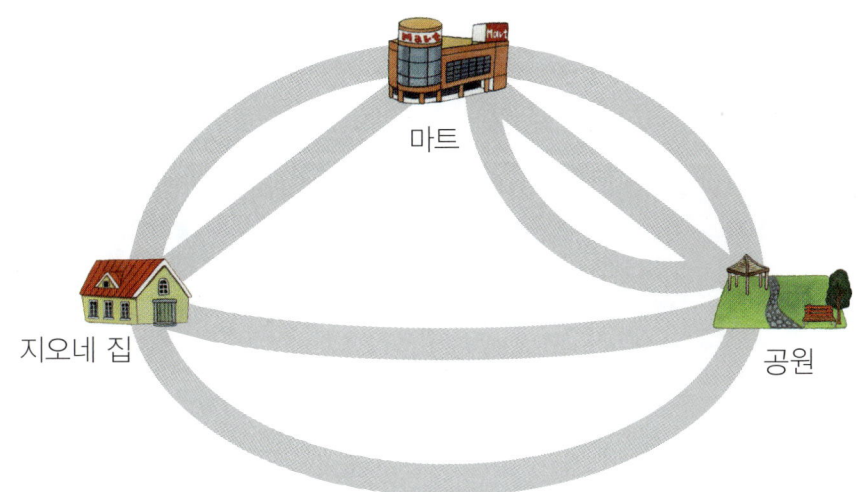

4 태경이네 집에서 분식점을 지나지 않고 도서관까지 가는 가장 짧은 길은 모두 몇
가지인지 구하시오.

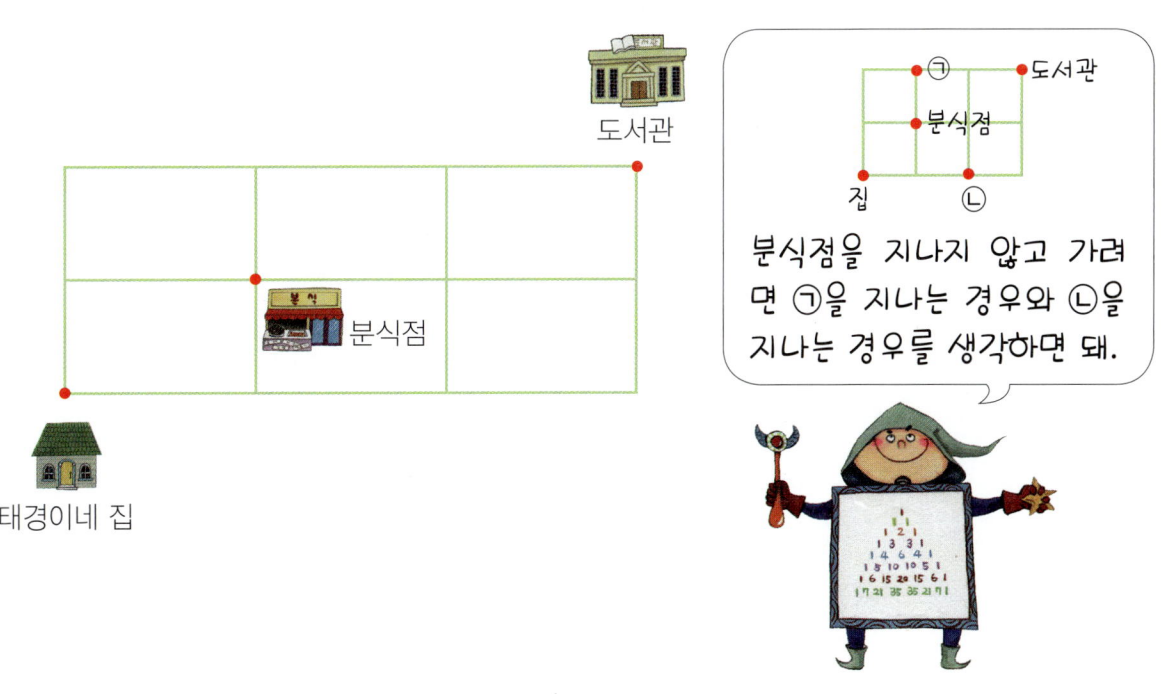

분식점을 지나지 않고 가려
면 ㉠을 지나는 경우와 ㉡을
지나는 경우를 생각하면 돼.

Chapter 3

표와 그래프

7 표와 그래프

8명의 꼬마 요괴가 가지고 있는 마법 방망이의 수를 조사해서 표와 그래프로 나타내었습니다.

마법 방망이 수

꼬마 요괴	멍하니	딴소리	거꾸로	울보	한입	잠만자	장난	딴짓	합계
방망이 수	3	7	4	5	2	1	5	6	33

마법 방망이 수

방망이 수 \ 꼬마 요괴	멍하니	딴소리	거꾸로	울보	한입	잠만자	장난	딴짓
7		○						
6		○						○
5		○		○			○	○
4		○	○	○			○	○
3	○	○	○	○			○	○
2	○	○	○	○	○		○	○
1	○	○	○	○	○	○	○	○

마법 방망이가 가장 많은 꼬마 요괴가 나의 수제자가 될 것이야.

마법 방망이를 가장 많이 가진 꼬마 요괴를 쓰시오.

울보 요괴와 같은 수의 마법 방망이를 가지고 있는 꼬마 요괴를 쓰시오.

꼬마 요괴들의 마법 방망이 수를 비교하는 데 표와 그래프 중 어느 것이 더 편리합니까?

도넛의 개수만큼 ○를 그려 그래프를 완성하고, 가장 많은 도넛의 맛을 쓰시오.

맛별 도넛 수

5			
4			
3	○		
2	○		
1	○		
개수 \ 도넛	딸기맛	바닐라맛	초코맛

노크 포인트

조사한 자료를 정리하여 쉽게 나타내는 방법에는 표와 그래프가 있습니다.

우리 반 친구들이 태어난 달

월	1	2	3	4	5	6	7	8	9	10	11	12	합계
학생 수	1	3	0	2	5	2	4	2	0	1	2	3	25

우리 반 친구들이 태어난 달

5					○							
4					○		○					
3		○			○		○					○
2		○		○	○	○	○	○			○	○
1	○	○		○	○	○	○	○		○	○	○
학생 수 \ 월	1	2	3	4	5	6	7	8	9	10	11	12

자료가 많고 복잡할수록 그래프가 표보다 자료를 비교하기 편리합니다.

표와 그래프로 나타내기

겨울방학 동안의 날씨를 조사한 것입니다. 조사한 결과를 표와 그래프로 나타내어 보시오.

일	월	화	수	목	금	토

겨울방학 동안의 날씨

날씨	☀	☁	🌧	⛄	합계
날수	9				

겨울방학 동안의 날씨

9	○		
8	○		
7	○		
6	○		
5	○		
4	○		
3	○		
2	○		
1	○		
날수 / 날씨	☀	☁	🌧	⛄

올 겨울방학에는 눈이 비보다 많이 왔군.

[그래프 보고 표 완성하기]

1 아인이네 반 남학생들이 좋아하는 운동을 그래프로 나타낸 것입니다. 그래프를 보고 표를 완성하시오.

좋아하는 운동

학생 수 \ 운동	농구	야구	축구
6		○	
5		○	
4		○	○
3		○	○
2	○	○	○
1	○	○	○

좋아하는 운동

운동	농구	야구	축구	합계
학생 수				

[표와 그래프 완성하기]

2 초이네 반 학생들이 가장 좋아하는 계절을 나타낸 표입니다. 표와 그래프를 완성하시오.

좋아하는 계절

계절	봄	여름	가을	겨울	합계
학생 수	6	5	7		21

좋아하는 계절

학생 수 \ 계절	봄	여름	가을	겨울
7				
6	○			
5	○			
4	○			
3	○			
2	○			
1	○			

지워진 표와 그래프

지오네 반 학생들이 좋아하는 동물을 조사하여 나타낸 표와 그래프입니다. 표와 그래프를 완성하고, 물음에 답하시오.

좋아하는 동물

동물	토끼	고양이	강아지	햄스터	병아리	합계
학생 수	4		8	2		

좋아하는 동물

학생 수 \ 동물	토끼	고양이	강아지	햄스터	병아리
8			○		
7			○		
6		○	○		
5		○	○		
4		○	○		
3		○	○		○
2		○	○		○
1		○	○		○

❶ 가장 많은 학생들이 좋아하는 동물은 무엇입니까?

❷ 고양이를 좋아하는 학생은 햄스터를 좋아하는 학생보다 몇 명 더 많습니까?

❸ 지오네 반 학생은 모두 몇 명입니까?

[싫어하는 채소]

1 태경이네 반 학생들이 싫어하는 채소를 조사하여 나타낸 표와 그래프의 일부분입니다. 당근을 싫어하는 학생은 몇 명입니까?

싫어하는 채소

채소	마늘	양파	당근	고추	합계
학생 수	7			3	15

싫어하는 채소

학생 수 \ 채소	마늘	양파	당근	고추
7				
6				
5				
4				
3				○
2		○		○
1		○		○

[우산의 색깔]

2 비 오는 날 우산꽂이에 꽂혀 있는 우산의 색깔을 조사하여 나타낸 표와 그래프의 일부가 찢어졌습니다. 우산꽂이에 꽂혀 있는 우산은 모두 몇 개입니까?

우산꽂이에 꽂혀 있는 우산 색깔

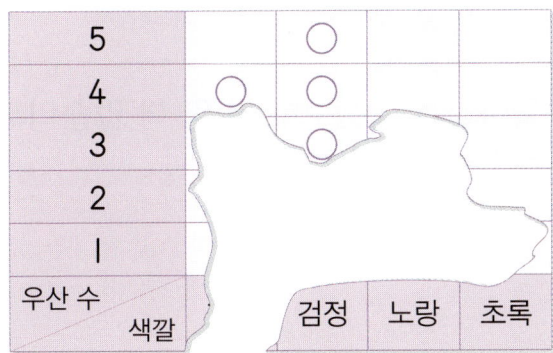

우산꽂이에 꽂혀 있는 우산 색깔

색깔	파랑	검정	노랑	초록	합계
우산 수			2	1	

> 잘 생각해 봐!
> axiom
>
> 그래프를 보고 표의 찢어진 부분을 다시 만들어 보렴.

표와 그래프 이해하기

초이네 반 학생들이 불우이웃 돕기 장터를 열기로 하였습니다. 음식은 떡볶이, 어묵, 김밥, 순대를 준비하기로 했는데 음식을 얼마나 준비해야 할지 고민입니다.

어떤 음식을 얼마나 많이 준비해야 할지가 고민이네.

초이

내가 조사해 볼게.

태경

태경이는 같은 반 친구들이 4가지 음식 중 어떤 음식을 가장 좋아하는지 조사하여 표로 나타내었습니다.

가장 좋아하는 음식

음식	떡볶이	어묵	김밥	순대	합계
학생 수	9	5	2	8	24

불우이웃 돕기 장터에서 가장 많이 준비해야 하는 음식은 무엇입니까?

순대를 가장 좋아하는 학생은 김밥을 가장 좋아하는 학생보다 몇 명 더 많습니까?

아인이네 반 남학생들과 여학생들이 좋아하는 색연필의 색깔을 각각 나타낸 표입니다. 표를 보고 학교 앞 문구점에서 가장 많이 준비해야 하는 색연필에 ◯표 하시오.

남학생들이 좋아하는 색연필의 색깔

색깔	파란색	빨간색	초록색	검정색	합계
학생 수	3	6	1	3	13

여학생들이 좋아하는 색연필의 색깔

색깔	파란색	빨간색	초록색	검정색	합계
학생 수	2	4	3	3	12

노크 포인트

조사 자료를 보고 조사한 대상에 대해 여러 가지를 알 수 있고, 조사하지 않은 대상에 대해 예상을 할 수도 있습니다.

여름에 가장 가고 싶어하는 곳

장소	수영장	해수욕장	놀이공원	박물관	합계
학생 수	17	15	30	3	65

위의 결과를 보고 직접 조사하지 않은 학생들도 박물관보다 놀이공원이나 수영장에 더 많이 가고 싶어한다고 예상할 수 있습니다.

그래프의 이해

초이가 운동장에 있는 학생들을 대상으로 좋아하는 과일을 조사하여 나타낸 그래프입니다. 물음에 답하시오.

좋아하는 과일

학생 수 \ 과일	사과	감	귤	배	바나나
7		○			
6		○			
5		○		○	
4		○		○	○
3		○	○	○	○
2		○	○	○	○
1	○	○	○	○	○

❶ 초이가 조사한 학생은 모두 몇 명입니까?

❷ 다음은 초이가 위 그래프를 보고 생각한 것입니다. 잘못 생각한 것을 모두 찾아 기호를 쓰시오.

> ㉠ 올해는 감이 풍년이구나.
> ㉡ 사과를 좋아하는 학생이 가장 적어.
> ㉢ 우리 반에서 과일을 팔면 귤이 배보다 많이 팔리겠구나.
> ㉣ 배를 좋아하는 학생 수와 바나나를 좋아하는 학생 수의 차는 1명이야.
> ㉤ 사과를 좋아하는 학생들이 적은 것을 보니 사과는 어른들이 가장 많이 좋아하는 과일이야.

[편의점에서 팔린 간식]

1 그래프를 바르게 이해한 사람의 이름을 쓰시오.

편의점에서 1시간 동안 팔린 간식

개수 / 간식	김밥	우유	라면	과자
8				
7			○	
6		○	○	
5		○	○	
4		○	○	
3		○	○	○
2	○	○	○	○
1	○	○	○	○

가장 많이 팔린 것은 라면이야.

초이

과자가 제일 적게 팔렸네.

태경

우유가 김밥의 2배만큼 팔렸어.

아인

[학생들이 좋아하는 꽃]

2 그래프를 보고 설명이 옳으면 ○표, 틀리면 ✕표 하시오.

좋아하는 꽃

학생 수 / 꽃	장미	백합	튤립	국화
7			○	
6	○		○	
5	○		○	
4	○	○	○	
3	○	○	○	○
2	○	○	○	○
1	○	○	○	○

- 가장 적은 학생들이 좋아하는 꽃은 백합입니다. □

- 가장 많은 학생들이 좋아하는 꽃은 튤립입니다. □

- 장미와 백합을 좋아하는 학생은 모두 10명입니다. □

두 사람의 기록 비교

지오와 태경이는 5일 동안 매일 줄넘기를 하여 그날의 최고 기록으로 표를 만들었습니다. 두 사람의 기록으로 각각 그래프를 완성하고 알 수 있는 사실을 찾아봅시다.

지오와 태경이의 줄넘기 최고 기록

요일	월	화	수	목	금	합계
지오의 최고 기록(번)	4	6	7	8	9	34
태경이의 최고 기록(번)	10	9	8	10	9	46

지오의 줄넘기 최고 기록

최고 기록(번) \ 요일	월	화	수	목	금
10					
9					
8					
7					
6					
5					
4	◯				
3	◯				
2	◯				
1	◯				

태경이의 줄넘기 최고 기록

최고 기록(번) \ 요일	월	화	수	목	금
10	◯				
9	◯				
8	◯				
7	◯				
6	◯				
5	◯				
4	◯				
3	◯				
2	◯				
1	◯				

❶ 줄넘기 실력이 계속해서 늘어난 사람은 누구입니까?

❷ 5일 동안 최고 기록의 합계가 더 많은 사람은 누구입니까?

[좋아하는 음식]

1 초이네 반의 남학생과 여학생이 좋아하는 음식을 조사하여 나타낸 표입니다. 두 번째로 많은 학생들이 좋아하는 음식은 무엇인지 쓰시오.

좋아하는 음식

음식	햄버거	치킨	피자	떡볶이	합계
남학생 수	5	6	3	1	15
여학생 수	1	3	2	7	13
합계					28

잘 생각해 봐!

표를 완성하여 각 음식을 좋아하는 학생 수를 구해 보렴.

[학급문고]

2 다음은 아인이네 반과 초이네 반에 있는 책을 각각 조사하여 나타낸 그래프입니다. 아인이네 반에서 초이네 반에 있는 위인전을 전부 빌려왔을 때 아인이네 반에서 가장 많은 책과 가장 적은 책은 몇 권 차이가 나는지 구하시오.

아인이네 반에 있는 책의 수

권 수 \ 책	위인전	동화책	만화책	역사책
7				
6			○	
5	○		○	○
4	○		○	○
3	○	○	○	○
2	○	○	○	○
1	○	○	○	○

초이네 반에 있는 책의 수

권 수 \ 책	위인전	동화책	만화책	역사책
7				
6			○	
5			○	
4			○	○
3		○	○	○
2	○	○	○	○
1	○	○	○	○

여러 가지 그래프

지오네 반 학생들이 좋아하는 과목을 조사하여 여러 가지 그래프로 나타냈습니다.

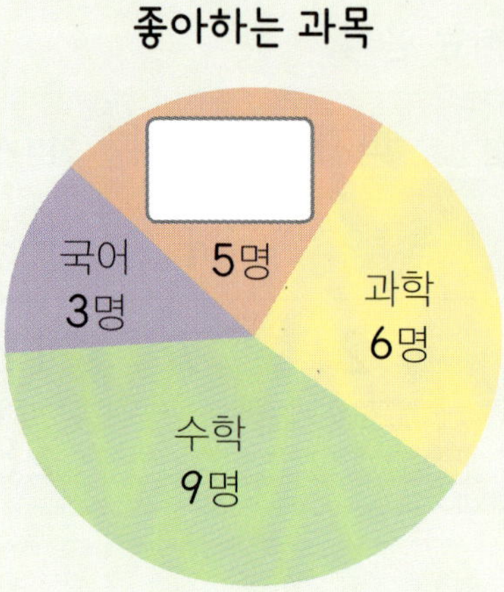

좋아하는 과목

	9명		
		6명	
			5명
3명			
국어	수학	과학	사회

좋아하는 과목

국어 3명
5명
과학 6명
수학 9명

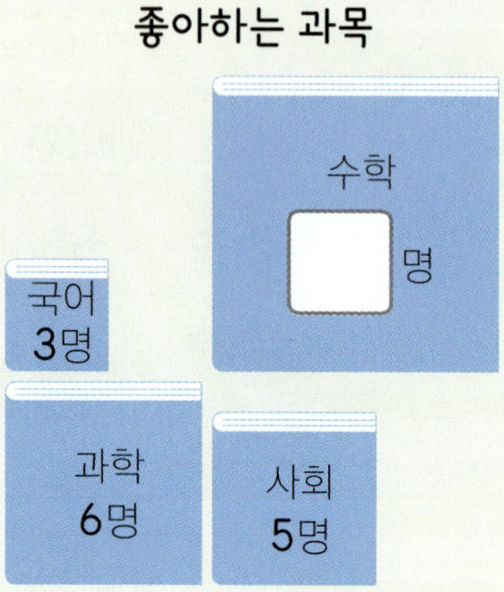

좋아하는 과목

수학
　명
국어 3명
과학 6명
사회 5명

> 난 막대를 이용하여 그래프를 그렸어.

태경

> 난 원에 그래프를 그렸어.

초이

> 난 책 모양으로 그래프를 그렸어.

아인

위 그래프에서 빠진 부분을 찾아 완성하시오.

가장 많은 학생들이 좋아하는 과목과 가장 적은 학생들이 좋아하는 과목을 각각 쓰시오.

> 가장 많은 아이들이 좋아하는 과목이 수학이라니…….

⑥ 왼쪽 그래프를 보고 지오는 좋아하는 과목 순으로 막대를 이용하여 그래프를 그렸습니다. 그래프를 완성하시오.

좋아하는 과목

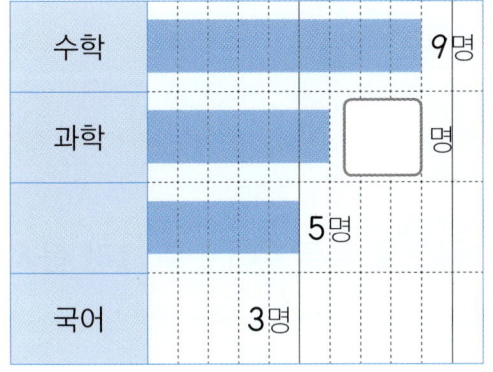

이렇게 그래프를 그리면 좋아하는 과목의 순서를 한눈에 알 수 있어.

지오

노크 포인트

다양한 모양으로 그래프를 그릴 수 있습니다.

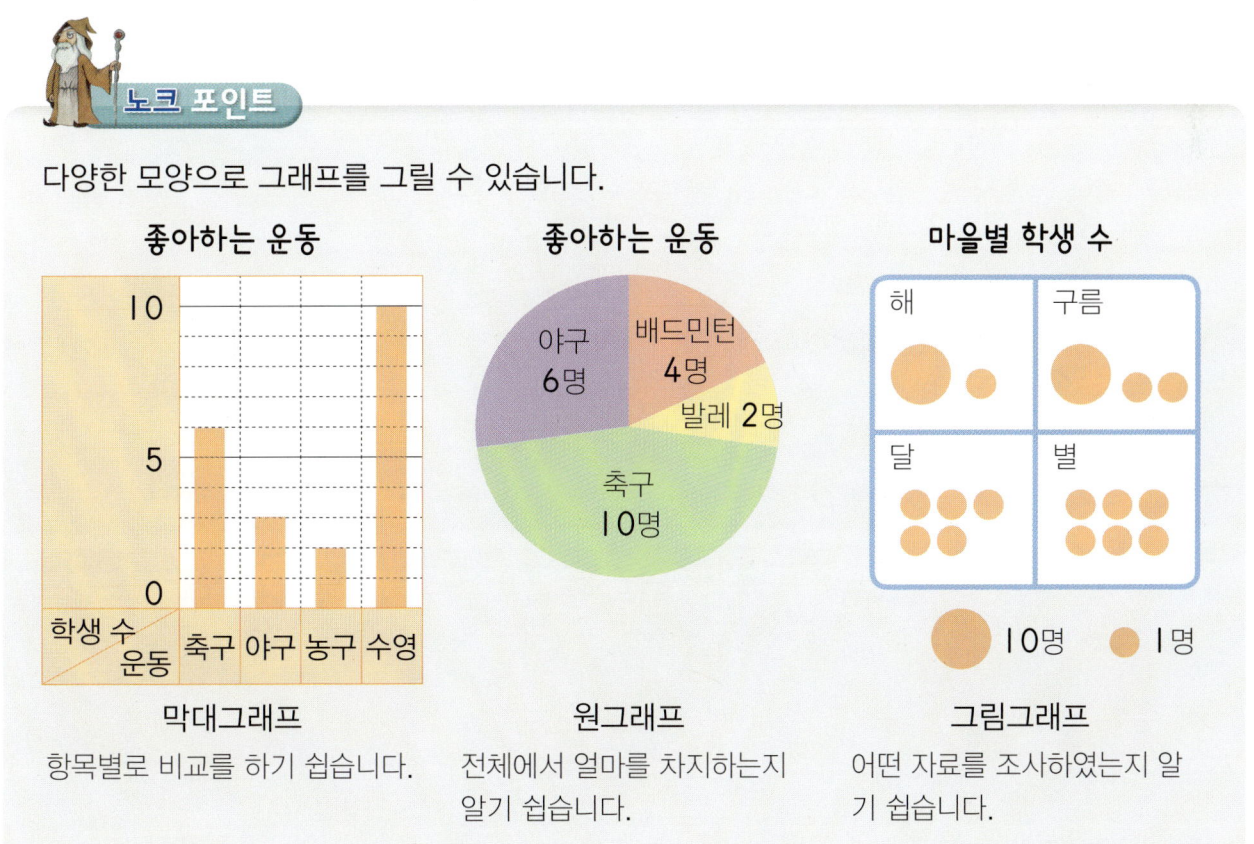

좋아하는 운동

막대그래프
항목별로 비교를 하기 쉽습니다.

좋아하는 운동

원그래프
전체에서 얼마를 차지하는지 알기 쉽습니다.

마을별 학생 수

그림그래프
어떤 자료를 조사하였는지 알기 쉽습니다.

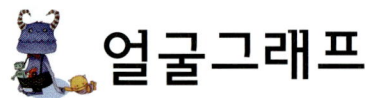

태경이네 모둠 학생들이 받은 청소 평가와 사물함의 정리 평가를 표로 나타내었습니다.

각 학생별 평가

이름	아인	지오	태경	초이	범상	해진
청소	잘함	보통	잘함	못함	잘함	못함
사물함 정리	못함	잘함	보통	못함	잘함	보통

청소 평가는 눈, 사물함 정리 평가는 입 모양 그림으로 얼굴그래프를 그려 봅시다. 평가에 따라 그림은 다음과 같이 그립니다.

각 평가별 그림

평가	잘함	보통	못함
청소	⌣ ⌣	─ ─	⌃ ⌃
사물함 정리	⌣	─	⌢

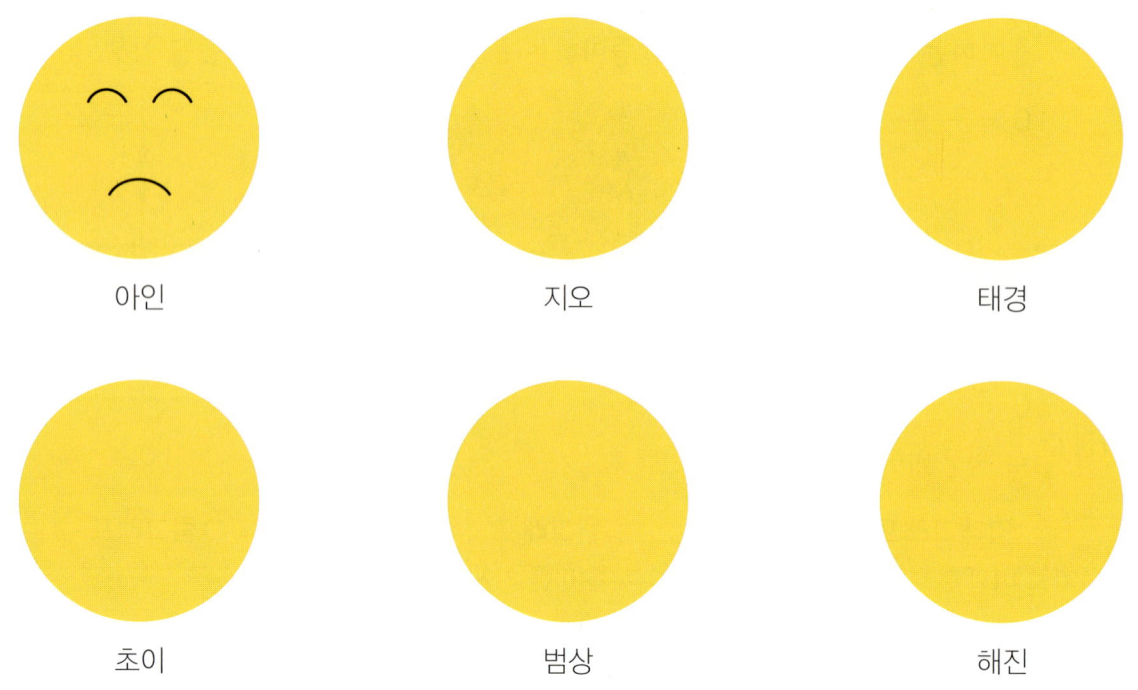

아인   지오   태경

초이   범상   해진

[점수로 나타내기]

1 오른쪽은 과목을 좋아하는 정도를 점수로 나타낸 표입니다. 아인이는 수학을 아주 좋아하고, 국어는 싫어하고, 미술은 좋아합니다. 태경이는 수학을 좋아하고, 국어를 아주 싫어하고, 미술은 아주 좋아합니다. 아인이와 태경이가 세 과목에 대해 좋아하는 정도를 점수로 나타내시오.

좋아하는 정도별 점수

아주 좋아함	4점
좋아함	3점
싫어함	2점
아주 싫어함	1점

좋아하는 정도에 따른 점수

이름 \ 과목	수학	국어	미술
아인	점	점	점
태경	점	점	점

[얼굴 그래프]

2 자장면의 맛 평가는 눈, 짬뽕의 맛 평가는 입 모양 그림으로 나타냅니다. 태경이와 초이는 자장면과 짬뽕 맛에 대한 평가를 얼굴그래프로 오른쪽과 같이 나타내었습니다. 표의 빈칸에 알맞은 말을 쓰시오.

태경   초이

평가별 그림

평가	맛있음	보통	맛없음
자장면	♡ ♡	⌒ ⌒	＼ ／
짬뽕	⋃	⌣	◯

맛 평가

이름	태경	초이
자장면		
짬뽕		

🦸 기사 속 그래프

초등학생이 생일에 받고 싶은 선물에 관한 기사를 읽고 다음 그래프를 완성하시오.

천재일보   2016년 5월 14일

초등학생이 생일에 가장 받고 싶은 선물은?

어느 초등학교 학생 30명에게 생일에 가장 받고 싶은 선물이 무엇인지 물었습니다.
가장 많은 대답은 휴대 전화로 9명이었고, 다음으로는 만화책이 8명 이었습니다. 그 외에 가방과 운동화가 각각 5명으로 수가 같았으며, 3명의 학생은 게임기를 선물로 받고 싶다고 대답했습니다.

---

❶ 오른쪽 원그래프는 모두 **30**칸으로 나누어져 있습니다. 초등학생 **30**명을 조사한 것이므로 한 칸은 **1**명을 나타냅니다. 휴대 전화라고 대답한 학생은 **9**명입니다. 빨간색 선부터 시계 방향으로 **9**칸을 나누고, '휴대 전화 9명' 이라고 쓰시오.

생일에 가장 받고 싶은 선물

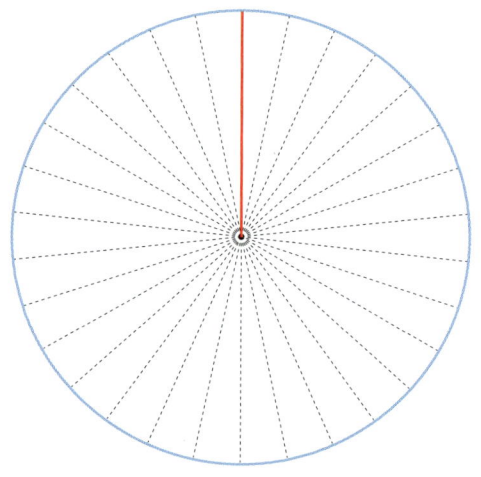

❷ 위 그래프에 만화책이라고 답한 학생 수만큼 칸을 나누고 '만화책 **8**명'이라고 쓰시오.

❸ 위 그래프에 가방, 운동화, 게임기라고 대답한 학생 수에 맞게 각각 칸을 나누고 그래프를 완성하시오.

1 다음은 초이네 반 친구들이 좋아하는 곤충을 조사하여 학급 신문에 실은 글입니다. ☐ 안에 알맞은 수를 써넣으시오.

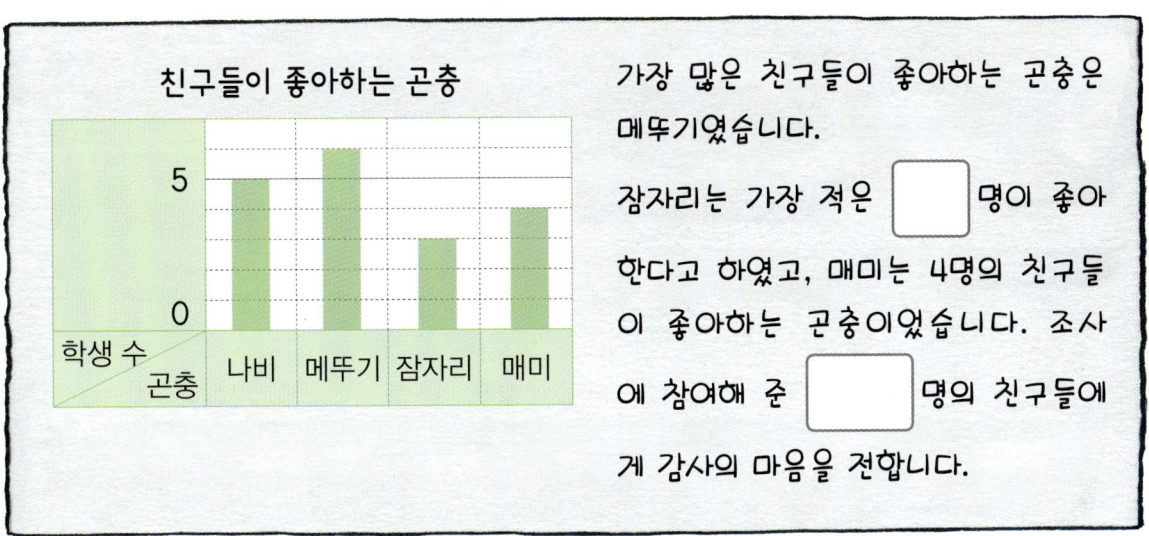

친구들이 좋아하는 곤충

가장 많은 친구들이 좋아하는 곤충은 메뚜기였습니다.

잠자리는 가장 적은 ☐ 명이 좋아한다고 하였고, 매미는 4명의 친구들이 좋아하는 곤충이었습니다. 조사에 참여해 준 ☐ 명의 친구들에게 감사의 마음을 전합니다.

[원그래프로 나타내기]

2 오른쪽 신문 기사의 내용을 그래프로 만들려고 합니다. 두 그래프의 ☐ 안에 알맞은 수를 쓰시오.

9월은 8월에 비해 비가 온 날이 4일 더 많았고, 흐린 날도 5일 더 많았습니다.

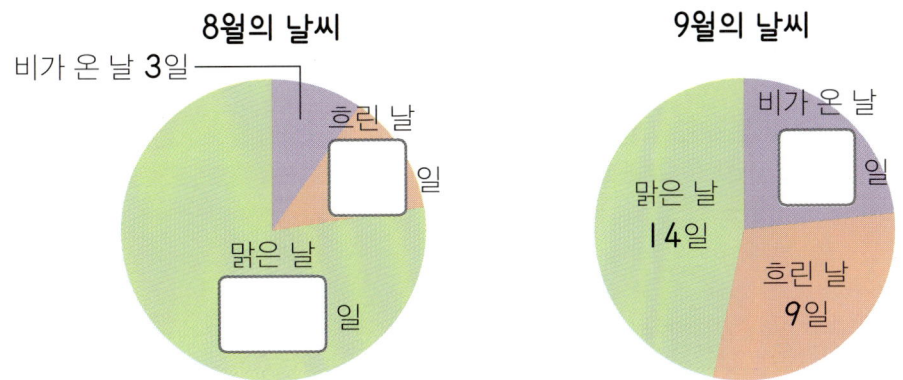

8월의 날씨

비가 온 날 3일

흐린 날 ☐일

맑은 날 ☐일

9월의 날씨

비가 온 날 ☐일

맑은 날 14일

흐린 날 9일

1 태경이네 반에서 5일 동안 결석한 학생 수를 그래프로 나타내려고 합니다. 목요일과 금요일의 빈 곳을 채워 그래프를 완성하시오.

> ㉠ 이틀은 결석생이 1명씩이었습니다.
> ㉡ 5일 동안 결석생은 모두 11명입니다.
> ㉢ 금요일에 결석생이 가장 많았습니다.

결석한 학생 수

학생 수 \ 요일	월	화	수	목	금
4					
3	○				
2	○	○			
1	○	○	○		

2 다음은 아인이가 친구들과 가위바위보를 하고 이긴 경우와 진 경우를 나타낸 그래프입니다. 아인이가 가위바위보를 할 때 가위, 바위, 보 중에서 무엇을 내는 것이 가장 유리합니까?

가위를 냈을 때

횟수 \ 결과	이겼음	졌음
7		
6		○
5		○
4	○	○
3	○	○
2	○	○
1	○	○

바위를 냈을 때

횟수 \ 결과	이겼음	졌음
7	○	
6	○	
5	○	
4	○	
3	○	○
2	○	○
1	○	○

보를 냈을 때

횟수 \ 결과	이겼음	졌음
7		
6		
5	○	○
4	○	○
3	○	○
2	○	○
1	○	○

3 지오네 반 학생 23명이 받고 싶은 선물을 나타낸 원그래프입니다. 다음을 보고 게임기를 선물로 받고 싶은 학생 수를 구하시오.

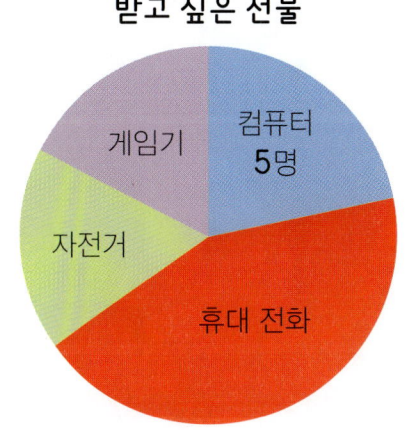

받고 싶은 선물

- 빨간색 부분의 크기는 파란색 부분 크기의 2배입니다.
- 보라색과 연두색 부분의 크기가 같습니다.

4 다음 두 그래프를 넣어 학급 신문을 만들려고 합니다. 알맞은 신문 기사의 제목을 지어 보시오.

1학기 현장학습 장소

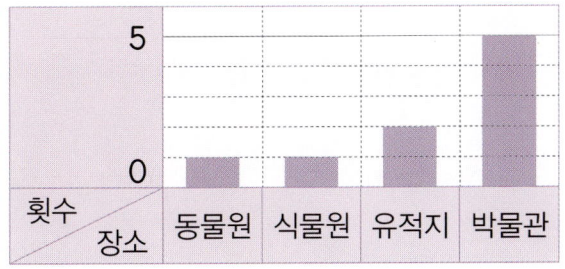

학생들의 반응

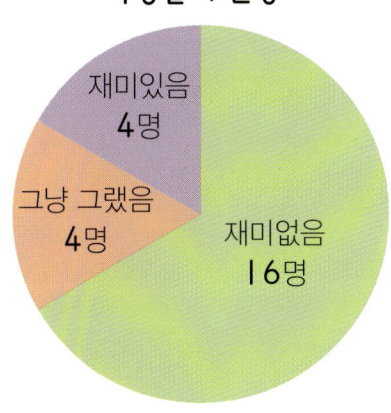

주사위와 동전

다음 그림은 신라 시대의 주사위인 '주령구'입니다. 주령구는 면이 14개 있는 주사위로 각 면에는 한자로 '노래 없이 춤추기', '코 때리기', '간지러움 참기' 등 14개의 벌칙이 적혀 있습니다.

노래 없이 춤추기 벌칙이 나왔어.

이렇게 주사위는 옛날부터 여러 나라에서 놀이 도구로 많이 사용되어 왔습니다.

다음은 현재 사용되고 있는 여러 가지 주사위입니다. 주사위 아래의 수의 범위는 주사위에 적힌 수를 나타냅니다.

이 주사위는 위의 꼭짓점에 있는 수를 읽으면 돼.

여섯 개의 주사위 중 여러 번 굴렸을 때 10보다 큰 수가 나올 수 있는 주사위의 색깔을 모두 쓰시오.

주사위에 적힌 수가 1부터 6까지인 주사위 2개를 던졌을 때, 나온 두 수의 합이 4가 되도록 ☐ 안에 알맞은 수를 써넣으시오. (단, ( ) 안의 두 수는 주사위 2개를 던졌을 때 나온 수입니다.)

(1 , ☐)   (2 , ☐)   (3 , ☐)

1부터 6까지의 수가 적힌 주사위 2개를 던졌습니다. 나온 두 수의 합이 가장 큰 경우와 가장 작은 경우의 합을 차례로 쓰시오.

노크 포인트

다음 주사위 1개를 던졌을 때 나오는 눈은 1, 2, 3, 4, 5, 6이므로 나올 수 있는 경우는 6가지입니다.

다음 주사위 2개를 던졌을 때 눈의 합이 5가 되는 경우는 1과 4, 2와 3, 3과 2, 4와 1이므로 나올 수 있는 경우는 4가지입니다.

여러 가지 주사위

여러 가지 주사위를 던질 때 나오는 경우의 가짓수를 알아봅시다.

❶ 다음은 여러 가지 주사위입니다. 주사위 아래의 수의 범위는 주사위에 적힌 수를 나타냅니다. 각 주사위를 던졌을 때 나오는 수는 모두 몇 가지입니까?

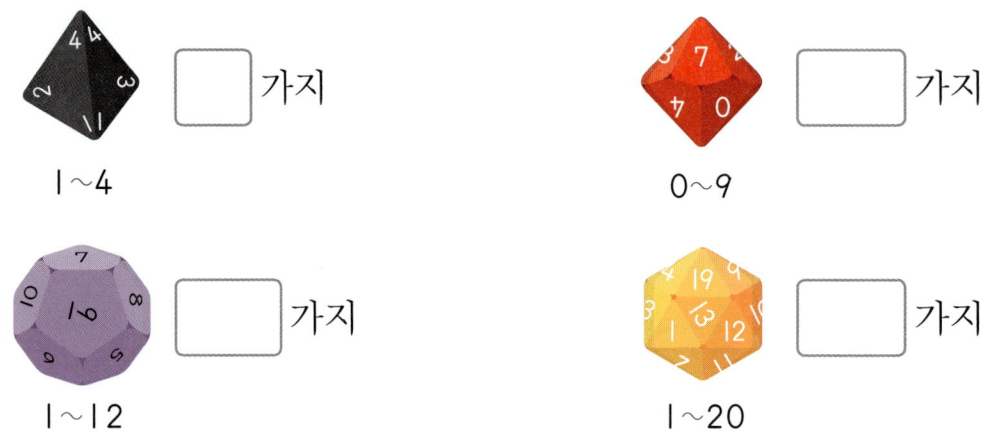

1~4 [ ] 가지

0~9 [ ] 가지

1~12 [ ] 가지

1~20 [ ] 가지

❷ 1부터 6까지의 수가 적힌 주사위를 던져서 3이 나왔습니다. 각 주사위를 굴려서 더 큰 수가 나오는 경우는 몇 가지입니까?

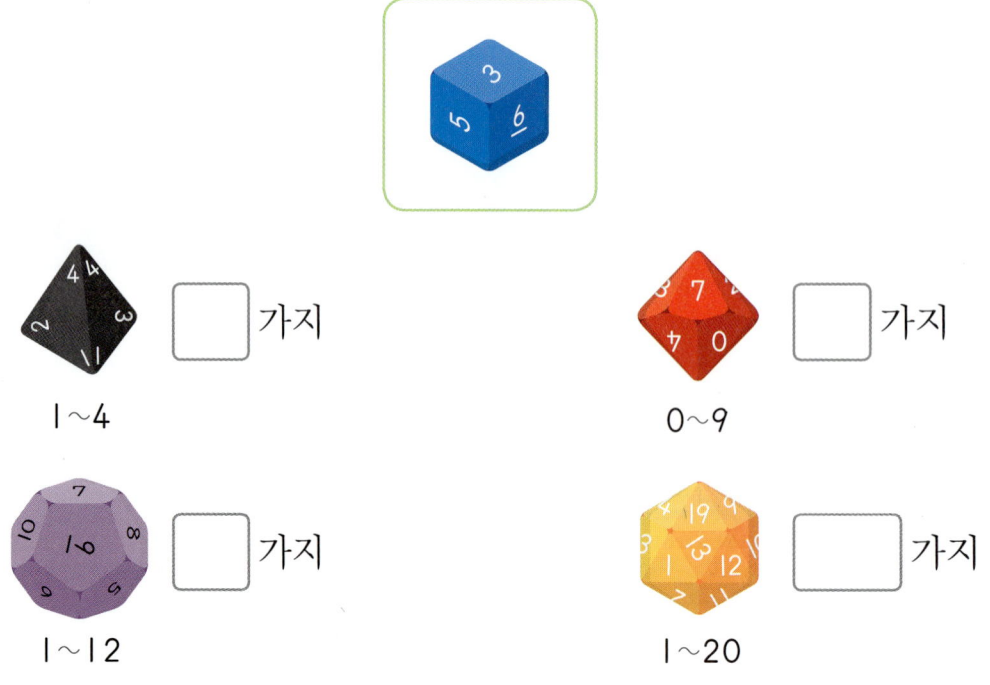

1~4 [ ] 가지

0~9 [ ] 가지

1~12 [ ] 가지

1~20 [ ] 가지

1 [이기는 수]

태경이와 초이는 1부터 6까지의 수가 적힌 주사위를 던져 큰 수가 나오는 사람이 이기는 놀이를 하였습니다. 태경이가 먼저 주사위를 던져 2가 나왔을 때, 초이가 이기게 되는 경우는 몇 가지입니까?

태경   초이

2 [홀수, 짝수]

주사위 아래의 수의 범위는 주사위에 적힌 수를 나타냅니다. 각 주사위를 던져 나온 수가 홀수인 경우와 짝수인 경우는 각각 몇 가지입니까?

1~8

홀수: ☐ 가지
짝수: ☐ 가지

1~12

홀수: ☐ 가지
짝수: ☐ 가지

1~20

홀수: ☐ 가지
짝수: ☐ 가지

주사위 눈의 합

1부터 6까지의 수가 적힌 주사위 2개를 던졌을 때 나오는 두 수의 합을 구해 봅시다.

합이 7이 나왔군.

(1, 1)이 나오면 합이 2. (6, 6)이 나오면 합이 12가 돼.

❶ 주사위 2개를 던져 나온 수의 합을 모두 적어 표를 완성하시오.

	1	2	3	4	5	6
1	2	3	4			
2	3	4	5			
3	4	5				
4	5					
5						
6						

❷ 주사위 2개를 던졌을 때 두 수의 합이 4가 되는 경우는 (1, 3), (2, 2), (3, 1)로 3가지입니다. 주사위 2개를 던졌을 때 두 수의 합이 7이 되는 경우는 몇 가지입니까?

❸ 주사위 2개를 던졌을 때 가장 많이 나올 것으로 예상할 수 있는 두 수의 합은 얼마입니까?

[두 주사위의 수의 차]

1 I부터 6까지의 수가 적힌 주사위 2개를 던져 나오는 수의 차를 알아봅시다.

❶ 빈칸에 주사위 2개를 던져 나온 수의 차를 모두 쓰고, 차가 2인 경우는 몇 가지인지 구하시오.

	I	2	3	4	5	6
I	0	I	2			
2	I	0				
3	2		0			
4				0		
5					0	
6						0

❷ 가장 많이 나올 것으로 예상할 수 있는 두 수의 차를 쓰시오.

[짝수와 홀수가 되는 두 수의 합]

2 I부터 6까지의 수가 적힌 주사위 2개를 던져서 나온 수의 합이 홀수인 경우와 짝수인 경우의 가짓수를 ☐ 안에 각각 쓰시오.

홀수인 경우: ☐ 가지   짝수인 경우: ☐ 가지

이것도 몰라!

앞에 주사위 2개를 던져 나온 수의 합을 적어 놓은 표를 보면서 세어 봐!

11 동전과 가짓수

축구 시합에서 동전을 던져서 두 팀 중 어느 팀이 먼저 공격할지 정하려고 합니다. 동전을 던지면 그림 면과 숫자 면의 **2**가지 경우가 나올 수 있기 때문에 두 팀 중 먼저 공격할 팀을 결정할 수 있습니다.

그림 면이 나오면 우리가 먼저 공격할 거야.

동전 2개를 던져 나올 수 있는 경우를 모두 찾아보려고 합니다. ☐ 안에 '그림' 또는 '숫자'를 알맞게 써넣으시오.

(☐ , ☐)   (☐ , ☐)

(☐ , ☐)   (☐ , ☐)

주사위 **1**개와 동전 **1**개를 함께 던졌습니다. 주사위는 짝수가 나오고, 동전은 그림 면이 나오는 경우를 모두 찾아보시오.

(☐ , 그림)   (☐ , 그림)   (☐ , 그림)

🔘 가짓수가 많은 것부터 차례로 기호를 쓰시오.

> ⊙ ㅣ부터 6까지의 수가 쓰여 있는 주사위 ㅣ개를 던질 때 나오는 수의 가짓수
> ⓒ 동전 ㅣ개를 한 번 던질 때 나올 수 있는 경우의 가짓수
> ⓒ 가위바위보를 할 때 낼 수 있는 가짓수
> ⓔ 동전 2개를 던질 때 나올 수 있는 경우의 가짓수

🔘 동전 하나와 ㅣ부터 6까지의 수가 적힌 주사위 하나를 동시에 던졌을 때 나올 수 있는 가짓수를 구하시오.

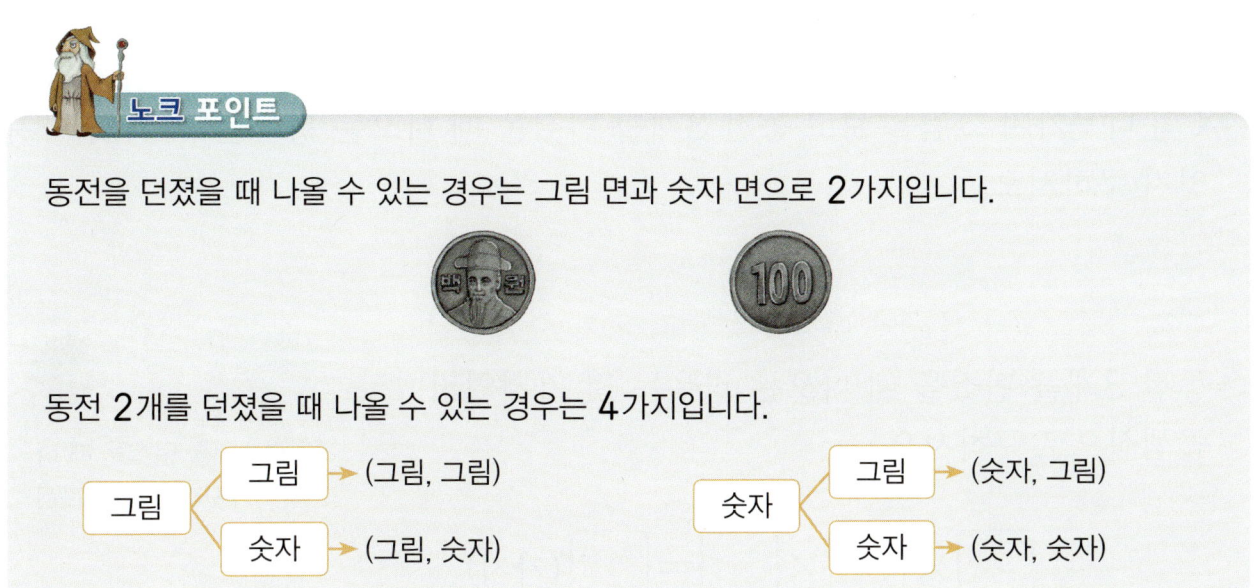

노크 포인트

동전을 던졌을 때 나올 수 있는 경우는 그림 면과 숫자 면으로 2가지입니다.

동전 2개를 던졌을 때 나올 수 있는 경우는 4가지입니다.

```
       그림 → (그림, 그림)                    그림 → (숫자, 그림)
그림 <                           숫자 <
       숫자 → (그림, 숫자)                    숫자 → (숫자, 숫자)
```

 # 동전 던지기

동전 3개를 던졌을 때 나올 수 있는 경우를 모두 알아봅시다.

❶ 동전 3개를 던졌을 때 나올 수 있는 경우를 나뭇가지 그림으로 나타내시오.

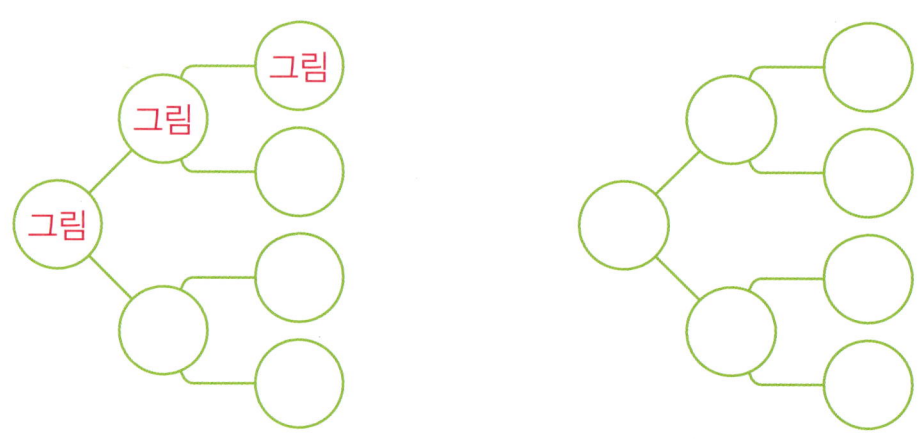

❷ ❶의 나뭇가지 그림을 보고 동전 3개를 던졌을 때 나오는 경우는 모두 몇 가지 인지 구하시오.

❸ 동전 3개를 던졌을 때 나오는 경우는 몇 가지인지 곱셈식으로 구하시오.

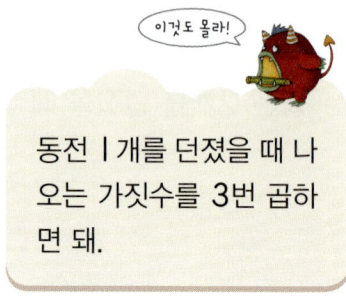

동전 1개를 던졌을 때 나오는 가짓수를 3번 곱하면 돼.

1 10원, 100원, 500원짜리 동전을 각각 1개씩 던졌습니다. ☐ 안에 알맞은 수를 써넣으시오.

❶ 10원짜리 동전의 그림 면이 나오는 경우 　　　　☐ 가지

❷ 세 동전 모두 같은 면이 나오는 경우 　　　　☐ 가지

[동전 4개 던지기]

2 동전 4개를 던졌을 때 동전 하나만 그림 면이 나오는 경우는 몇 가지입니까?

이것도 몰라!

(숫자, 숫자, 숫자, 그림) 이렇게 1가지만 생각하면 안 돼!

적어도가 들어간 문제

동전 3개를 던졌을 때 그림 면이 적어도 1개 나오는 경우는 몇 가지인지 구해 봅시다.

❶ 그림 면이 나오는 개수에 따라 경우를 나누었습니다. ☐ 안에 알맞은 말을 쓰시오.

• 그림 면이 0개인 경우: (숫자, 숫자, 숫자)

• 그림 면이 1개인 경우: (그림, 숫자, 숫자)

(☐ , ☐ , ☐)   (☐ , ☐ , ☐)

• 그림 면이 2개인 경우

(☐ , ☐ , ☐)   (☐ , ☐ , ☐)

(☐ , ☐ , ☐)

• 그림 면이 3개인 경우

(☐ , ☐ , ☐)

❷ 그림 면이 적어도 1개 나오는 경우는 몇 가지입니까?

잘 생각해 봐!

적어도 1개 있는 경우란
1개가 있거나 1개보다
많이 있는 경우를 말해.

1 [그림 면이 나오는 가짓수]

동전 2개를 던졌을 때 그림 면이 적어도 1개 나오는 경우는 몇 가지인지 구하시오.

2 [적어도 한 경기는 이기는 가짓수]

초이네 학교에서 체육대회를 하는 데 초이네 반은 태경이네 반과 농구, 피구, 줄다리기를 각각 한 경기씩 합니다. 초이네 반이 세 경기에서 적어도 한 경기는 이기는 경우는 모두 몇 가지인지 구하시오. (단, 비기는 경기는 없습니다.)

12 공정한 게임

속이 보이지 않는 주머니에 다음과 같이 공이 들어 있습니다. 주머니에서 빨간 공을 꺼내는 사람이 이긴다고 할 때, 꼬마 요괴와 초이, 아인이가 주머니를 하나씩 골랐습니다.

주머니 속을 볼 수 있는 꼬마 요괴가 게임에서 가장 유리하려면 어떤 주머니를 선택해야 합니까?

위에서 꼬마 요괴가 선택하고 남은 2개의 주머니를 아인이와 초이가 하나씩 골랐습니다. 아인이는 게임에서 한 번도 이길 수 없었다면 아인이는 어떤 주머니를 고른 것입니까?

🌐 |부터 6까지의 수가 적힌 주사위 하나를 던질 때 ㉠과 ㉡ 중에서 더 유리한 승리조건은 무엇인지 기호를 쓰시오.

> ㉠ |, 2, 3, 4가 나오면 승리
> ㉡ 5, 6이 나오면 승리

➡ ☐

> ㉠ 2보다 큰 수가 나오면 승리
> ㉡ 2보다 작은 수가 나오면 승리

➡ ☐

주사위를 던져 보면 알 수 있을까?

 노크 포인트

공정한 게임이란 어느 한 사람에게 유리하거나 불리하지 않은 게임을 말합니다.

① 주사위를 던졌을 때 **가**는 홀수를 고르고, **나**는 짝수를 고르면
    홀수: |, 3, 5   짝수: 2, 4, 6
    홀수와 짝수가 똑같이 **3**가지씩이므로 **가**, **나** 모두에게 공정한 게임입니다.

② 주사위를 던졌을 때 **가**는 3보다 큰 수를 고르고, **나**는 3보다 작은 수를 고르면
    3보다 큰 수: 4, 5, 6   3보다 작은 수: |, 2
    3보다 큰 수는 **3**가지, 3보다 작은 수는 **2**가지이므로 **가**에게 유리한 게임입니다.

 공정한 방법

다음을 보고 술래를 뽑을 때 공정한 방법을 찾아봅시다.

❶ 술래 l명을 뽑으려고 합니다. 다음 중 공정한 방법을 말한 사람은 누구입니까?

1부터 6까지의 수가 적힌 주사위를 던져서 짝수가 나오면 네가 술래하고 홀수가 나오면 내가 술래하자.

아인

3보다 작은 수가 나오면 내가 술래하고 다른 수가 나오면 네가 술래하는 건 어때?

지오

❷ 태경이와 초이, 아인이와 지오는 각각 같은 모둠입니다. 다음 중 공정한 방법을 말한 모둠은 누구와 누구의 모둠입니까?

5부터 9까지의 수가 적힌 카드 중에서 한 장을 뽑았을 때 홀수가 나오면 내가 술래할게.

태경

짝수가 나오면 내가 술래~

초이

동전 1개를 던져서 그림 면이 나오면 내가 술래할게.

아인

그럼 숫자 면이 나오면 내가 술래를 해야 되겠네.

지오

[공정한 뽑기]

1 태경이와 지오는 10부터 20까지의 수 카드가 들어 있는 상자에서 카드를 한 장씩 뽑아 짝수가 나오면 태경이가 이기고, 홀수가 나오면 지오가 이기는 경기를 하려고 합니다. 누구에게 더 유리한 경기입니까?

[공정한 동전 게임]

2 아인이와 초이가 동전 게임을 합니다. 공정하지 않은 게임을 골라 기호를 쓰시오.

가. 동전 2개를 던져서 모두 같은 면이 나오면 아인이가 이기고, 다른 면이 나오면 초이가 이깁니다.

나. 동전 하나를 던져서 동전의 그림 면이 나오면 아인이가 이기고, 동전의 숫자 면이 나오면 초이가 이깁니다.

다. 동전 3개를 던져서 그림 면이 1개보다 많이 나오면 아인이가 이기고, 숫자 면이 1개보다 많이 나오면 초이가 이깁니다.

라. 동전 3개를 던져서 모두 같은 면이면 아인이가 이기고, 다른 면이 있으면 초이가 이깁니다.

🗡️ 유리한 게임

여러 가지 회전판을 돌렸을 때 화살표는 어떤 색깔을 더 많이 가리킬지 알아봅시다.
(단, 선을 가리키는 경우는 없습니다.)

① 다음 회전판을 여러 번 돌렸을 때 화살표가 가장 많이 가리키는 색은 무엇일지
쓰시오.

② 회전판을 여러 번 돌렸을 때 화살표가 어떤 색깔을 더 많이 가리킬지 예상할
수 있는 것에 ◯표 하시오.

③ 회전판을 돌려서 화살표가 노란색을 가리키면 이기는 게임을 하려고 합니다.
다음 중 어느 회전판을 선택하는 것이 더 유리합니까?

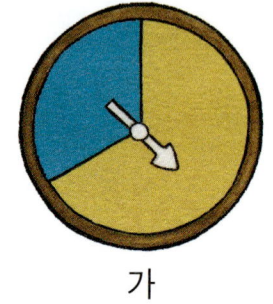
가

나

1 3명의 친구들이 선택한 색깔에 이름을 쓰고 회전판을 돌려 화살표가 가리키는 사람에게 벌칙을 주려고 합니다. 벌칙에 걸릴 가능성이 가장 높은 사람의 이름을 쓰시오. (단, 선을 가리키는 경우는 없습니다.)

[유리한 게임 판]

2 다음 두 종류의 게임 판에 동전 5개를 각각 던져 흰색 칸에 동전이 더 많이 올라가면 지오가 이기고 검은색 칸에 동전이 더 많이 올라가면 태경이가 이깁니다. 지오는 가와 나 중 어느 게임 판에서 경기를 하는 것이 더 유리합니까? (단, 동전은 한 칸에 한 개씩 딱 맞게 올라갑니다.)

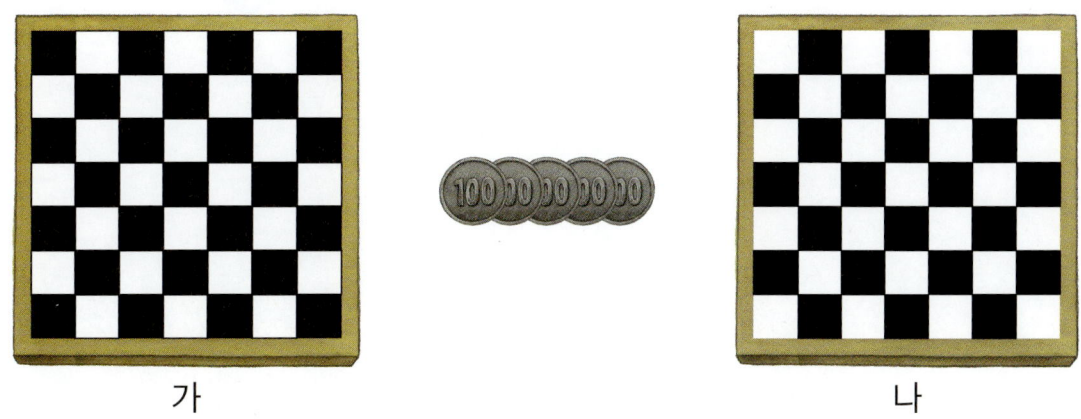

가 나

1 |부터 8까지의 수가 적힌 주사위와 |부터 4까지의 수가 적힌 주사위를 각각 |개씩 던져 나온 수의 합이 7인 경우는 몇 가지입니까?

|~8　　　　　|~4

2 동전 2개와 |부터 6까지의 수가 적힌 주사위 |개를 던져서 동전은 모두 같은 면이 나오고 주사위의 수는 3보다 큰 수가 나오는 경우는 몇 가지입니까?

3 동전 4개를 던질 때 그림 면이 적어도 3개인 경우는 몇 가지입니까?

4 다음과 같은 과녁에 다트를 던져서 자신이 고른 조건의 수를 맞히면 점수를 얻을 수 있습니다. 점수를 얻기에 유리한 조건 부터 순서대로 기호를 쓰시오.

조건

㉠ 홀수
㉡ 12보다 큰 수
㉢ 짝수
㉣ 10보다 작은 수

MEMO

정답및 해설

경우의
수와 통계

B8

(9~10세)

정답및 해설

경우의
수와 통계

B8
(9~10세)

누구나 쉽고 재미있게
사고력
수학

누ㄱ

천재교육

누구나 **쉽고 재미**있게
사고력
수학

노크

정답 및 해설

누구나 쉽고 재미있게
사고력 수학
노크

B8
(9~10세)

경우의 수와 통계

속성과 분류

① 분류하기

한 나라를 상징하는 국기는 나라마다 다르지만 공통점을 찾을 수 있습니다.

다음은 가로나 세로로 세 가지 색을 사용한 국기입니다.

시에라리온   독일   가봉   기니   말리   프랑스

독일의 삼색기는 근면, 정열, 명예를 상징해.

프랑스의 삼색기는 자유, 평등, 박애를 상징해.

*박애: 모든 사람을 평등하게 사랑함.

또한 십자가 모양이 그려져 있거나 별, 달, 해가 그려져 있는 국기도 있습니다.

스위스   아이슬란드   영국   베트남   싱가포르   우루과이

여러 나라의 국기를 모양에 따라 2가지로 분류하였습니다. 분류한 기준을 쓰시오.

일본   방글라데시   브라질   대한민국   라오스

왼쪽 국기는 원 모양만 있고, 오른쪽 국기는 원 모양과 사각형 모양이 같이 있습니다.

모자의 색깔 수에 따라 다음과 같이 두 가지로 분류하였습니다. ☐ 안에 모자가 들어갈 곳의 기호를 써넣으시오.

ⓐ   ⓑ

⟮⟯ : ⓐ   ⟮⟯ : ⓑ

⟮⟯ : ⓑ   ⟮⟯ : ⓐ

ⓐ에는 세 가지 색 모자가 있고, ⓑ에는 두 가지 색 모자가 있습니다.

독콘 포인트

공통적인 속성을 이용하여 분류를 하면 여러 가지 속성을 알 수 있을 뿐 아니라 속성을 기억하거나 찾는 데에 도움이 됩니다.

여러 나라의 국기도 속성을 찾아서 분류하면 기억하기 쉽습니다.

별이 들어간 국기		달과 별이 들어간 국기	
동티모르	세네갈	튀니지	파키스탄
중국	소말리아	터키	알제리

🐉 여러 가지 모양의 분류

다음 모양을 여러 가지 기준에 따라 분류해 봅시다. 주어진 기준을 보고 빈 곳에 알맞은 기호를 쓰시오.

① | 곧은 선만 있는 모양 | 굽은 선이 있는 모양 |
|---|---|
| ㄴ. ㄷ, ㄹ, ㅁ, ㅅ, ㅊ | ㄱ. ㅂ, ㅇ |

② | 둘러싸인 모양 | 둘러싸여 있지 않은 모양 |
|---|---|
| ㄱ. ㄴ, ㅁ, ㅇ, ㅊ | ㄷ. ㄹ, ㅂ, ㅅ |

③ | 반으로 접을 때 완전히 겹쳐지는 모양 | 반으로 접을 때 완전히 겹쳐지지 않는 모양 |
|---|---|
| ㄴ. ㅁ, ㅅ, ㅇ, ㅊ | ㄱ. ㄷ, ㄹ, ㅂ |

[쿠키 분류하기]

1 태경이는 초코칩이 뿌려진 쿠키들을 분류하려고 합니다. 2가지로 분류할 수 있는 기준을 찾아 기호를 쓰시오. ⓑ

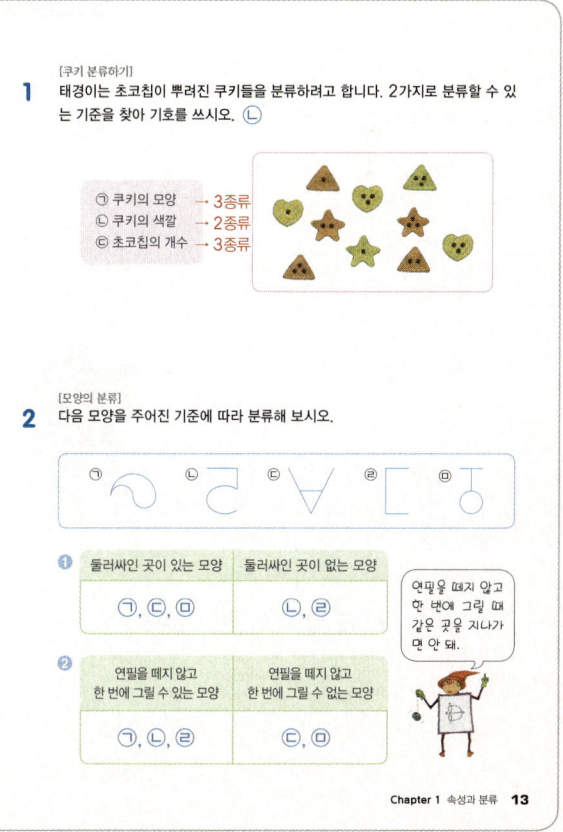

ⓐ 쿠키의 모양 → 3종류
ⓑ 쿠키의 색깔 → 2종류
ⓒ 초코칩의 개수 → 3종류

[모양의 분류]

2 다음 모양을 주어진 기준에 따라 분류해 보시오.

ⓐ   ⓑ   ⓒ   ⓓ   ⓔ

① | 둘러싸인 곳이 있는 모양 | 둘러싸인 곳이 없는 모양 |
|---|---|
| ㉠, ㉢, ㉤ | ㉡, ㉣ |

② | 연필을 떼지 않고 한 번에 그릴 수 있는 모양 | 연필을 떼지 않고 한 번에 그릴 수 없는 모양 |
|---|---|
| ㉠, ㉡, ㉣ | ㉢, ㉤ |

연필을 떼지 않고 한 번에 그릴 때 같은 곳을 지나가면 안 돼.

 분류하기

다음 분류 기준에 따라 알맞은 자음을 모두 쓰시오.

ㄱ ㄴ ㄷ ㄹ ㅁ ㅂ ㅅ
ㅇ ㅈ ㅊ ㅋ ㅌ ㅍ ㅎ

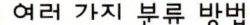

❶ 곧은 선만 있는 자음과 굽은 선이 있는 자음

곧은 선만 있는 자음	굽은 선이 있는 자음
ㄱ, ㄴ, ㄷ, ㄹ, ㅁ, ㅂ, ㅅ, ㅈ, ㅊ, ㅋ, ㅌ, ㅍ	ㅇ, ㅎ

❷ 연필을 떼지 않고 한 번에 그릴 수 있는 자음과 한 번에 그릴 수 없는 자음

한 번에 그릴 수 있는 자음	한 번에 그릴 수 없는 자음
ㄱ, ㄴ, ㄷ, ㄹ, ㅁ, ㅇ	ㅂ, ㅅ, ㅈ, ㅊ, ㅋ, ㅌ, ㅍ, ㅎ

❸ 둘러싸인 곳이 있는 자음과 둘러싸인 곳이 없는 자음

둘러싸인 곳이 있는 자음	둘러싸인 곳이 없는 자음
ㅁ, ㅂ, ㅇ, ㅍ, ㅎ	ㄱ, ㄴ, ㄷ, ㄹ, ㅅ, ㅈ, ㅊ, ㅋ, ㅌ

[조건대로 분류하기]

1 다음 그림을 주어진 기준에 따라 분류해 보시오.

ⓐ π   ⓑ ☺   ⓒ S   ⓓ P   ⓔ ⊠   ⓕ X

반으로 접을 때 완전히 겹쳐짐	반으로 접을 때 완전히 겹쳐지지 않음
ⓐ, ⓑ, ⓔ, ⓕ	ⓒ, ⓓ

[조건을 만족하는 숫자]

2 1부터 9까지의 숫자 중에서 다음 조건을 모두 만족하는 숫자를 쓰시오. 8

1 2 3 4 5 6 7 8 9

ⓐ 곧은 선이 없고 굽은 선으로만 되어 있는 숫자
ⓑ 연필을 떼지 않고 한 번에 그릴 수 있는 숫자
ⓒ 가로로 반으로 접었을 때 완전히 겹쳐지는 숫자
ⓓ 옆으로 뒤집어도 같은 모양이 되는 숫자

1을 옆으로 뒤집으면 1
2를 옆으로 뒤집으면 2

ⓐ을 만족하는 숫자 중 ⓑ을 만족하는 숫자를 찾은 후
ⓐ, ⓑ을 만족하는 숫자 중 ⓒ과 ⓓ을 만족하는 숫자를 찾습니다.
3, 6, 8, 9 → 3, 6, 8, 9 → 3, 8 → 8

---

② 여러 가지 분류 방법

대마법사 멀린이 수학 요정에게 숲 속의 동물을 2가지로 분류하라고 하였습니다.

네 발로 땅위를 걸어 다니는 동물은 모두 새끼를 낳는군. 새끼를 낳는 동물들은 여기로 모여라.

날개가 있어 하늘을 날 수 있는 동물들은 모두 앞을 낳는군. 날개를 가진 동물들은 모두 여기로 모여.

그런데 박쥐는 한 곳에 있지 못하고 여기에 있다가 저기에 있다가 합니다.

박쥐 너는 왜 한 곳에 있지 못하고 왔다 갔다 하니?

저는 하늘을 날 수 있는 날개를 가진 데다가 새끼를 낳아요.

수학 요정이 다음과 같이 분류하면 박쥐는 각각 어디에 속합니까?

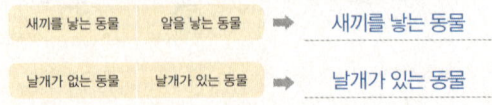

새끼를 낳는 동물	알을 낳는 동물	➡ 새끼를 낳는 동물

날개가 없는 동물	날개가 있는 동물	➡ 날개가 있는 동물

○ 기준에 따라 안경테를 분류하려고 합니다. 빈 곳에 알맞은 기호를 쓰시오.

ⓐ   ⓑ   ⓒ   ⓓ
ⓔ   ⓕ   ⓖ   ⓗ

둥근 모양이 있는 안경테		네모난 모양이 있는 안경테	
노란색 안경테	초록색 안경테	노란색 안경테	초록색 안경테
ⓐ, ⓖ	ⓑ, ⓕ	ⓓ, ⓔ	ⓒ, ⓗ

노크 포인트

여러 가지 분류 방법

• 나뭇가지 그림 분류

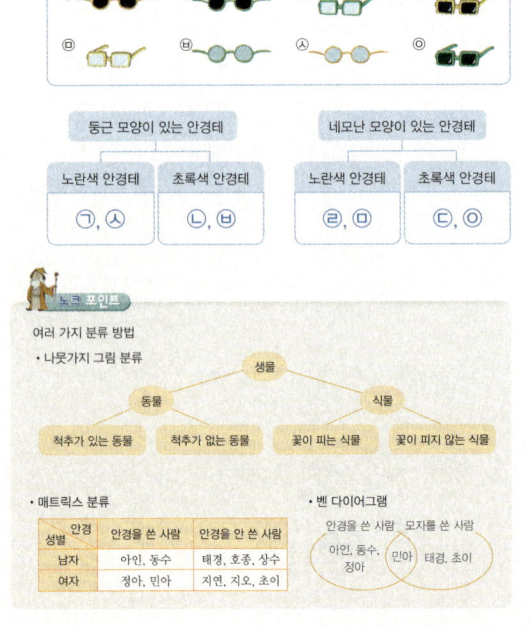

• 매트릭스 분류

성별＼안경	안경을 쓴 사람	안경을 안 쓴 사람
남자	아인, 동수	태경, 호종, 상수
여자	정아, 민아	지연, 지오, 초이

• 벤 다이어그램

안경을 쓴 사람   모자를 쓴 사람
아인, 동수, 정아 (민아) 태경, 초이

정답 및 해설 **3**

🐷 매트릭스 분류

매트릭스를 이용하여 분류하면 두 가지 조건을 동시에 만족하는 것을 한눈에 알 수 있습니다. 다음 도형을 분류해 봅시다.

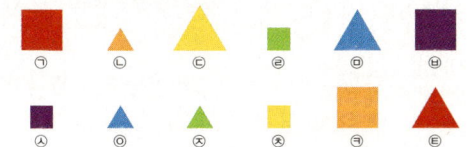

❶ 도형의 모양과 크기에 따라 각각 두 기준으로 나누어 분류해 보시오.

모양
- ■ : ㉠, ㉣, ㉧, ㉪, ㉭, ㉱
- ▲ : ㉡, ㉢, ㉨, ㉩, ㉫, ㉮

크기
- 크다 : ㉠, ㉢, ㉥, ㉧, ㉱, ㉮
- 작다 : ㉡, ㉣, ㉩, ㉨, ㉪, ㉫

❷ 모양과 크기에 따른 분류 기준을 써넣고, 매트릭스를 완성하시오.

크기 \ 모양	■	▲
크다	㉠, ㉧, ㉱	㉢, ㉥, ㉮
작다	㉣, ㉪, ㉫	㉡, ㉩, ㉨

---

1 [티셔츠 정리하기]
지오의 티셔츠를 매트릭스 분류 방법으로 정리하려고 합니다. 빈 곳에 알맞은 기호를 쓰시오.

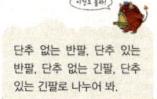

분류 기준	단추 없음	단추 있음
반팔 티셔츠	㉧, ㉨	㉡, ㉣
긴팔 티셔츠	㉢	㉠, ㉤, ㉪

> 단추 없는 반팔, 단추 있는 반팔, 단추 없는 긴팔, 단추 있는 긴팔로 나누어 봐.

2 [우유 분류하기]
우유가 일정한 기준에 따라 다음과 같이 진열되어 있습니다. 왼쪽의 우유가 진열되어야 하는 곳의 기호를 쓰시오. 마

맛과 우유를 담은 통의 모양에 따라 분류한 것입니다.

🦫 벤 다이어그램

같은 속성을 가진 것을 같은 원 안에 넣어 분류하는 것을 벤 다이어그램이라고 합니다. 물음에 답하시오.

❶ 안경을 쓴 사람과 모자를 쓴 사람으로 벤 다이어그램을 그리려고 합니다. 다음 벤 다이어그램의 ②에 들어갈 수 있는 기준을 쓰시오.

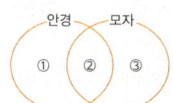

①: 안경을 쓰고 모자를 쓰지 않은 사람

②: __안경과 모자를 모두 쓴 사람__

③: 모자를 쓰고 안경을 쓰지 않은 사람

색칠한 부분은 가와 나의 조건을 모두 만족하는 부분이야.

❷ 다음을 보고 안경을 쓴 사람과 모자를 쓴 사람의 벤 다이어그램을 완성하려고 합니다. 빈 곳에 알맞은 번호를 쓰시오.

안경 / 모자
- ① ⑥ / ③ ④ ⑤ / ② ⑦

---

1 [오이가 들어갈 곳]
지오는 길쭉한 모양과 채소를 모아서 벤 다이어그램으로 나타내었습니다. 오이를 놓아야 하는 곳을 색칠하시오.

> 오이는 어디에 놓을까?

길쭉한 것 / 채소

오이는 길쭉한 채소입니다.

길쭉한 채소

2 [알맞은 특징 고르기]
단추를 분류하여 벤 다이어그램으로 나타내었습니다. 색칠한 곳에 들어가는 단추에 ◯표 하시오.

> 벤 다이어그램으로 나타낸 기준을 먼저 찾아야 해.

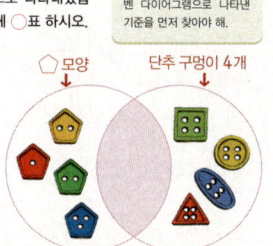

모양 / 단추 구멍이 4개

색칠한 부분에는 ⬠ 모양에 구멍이 4개인 단추가 들어가야 합니다.

③ 속성 게임

셋 게임은 속성을 이용한 카드 게임입니다. 셋 카드는 다음과 같이 4가지 다른 속성을 가지고 있습니다.

개수

모양

무늬

색깔

색깔은 보라색으로 모두 같습니다.
무늬는 채워진 무늬로 모두 같습니다.
개수는 1개, 2개, 3개로 모두 다릅니다.
모양은 ◇, ▭, ◯로 모두 다릅니다.

왼쪽 3장의 카드는 색깔과 무늬는 모두 같고, 개수와 모양은 모두 다른 카드야.

두 장의 셋 카드가 가지고 있는 같은 속성에 모두 ◯표 하시오.

모양　개수　색깔　무늬
3가지 속성이 같습니다.

모양　개수　색깔　무늬
2가지 속성이 같습니다.

모양　개수　색깔　무늬
1가지 속성이 같습니다.

톡톡 포인트
셋 게임은 도형의 4가지 속성 중 모두 다르거나 모두 같은 속성을 가진 3장의 카드를 찾는 게임입니다. 이 게임에서 이기려면 도형의 속성을 빠르게 분류하고 비교할 수 있어야 합니다.

모양이 모두 같습니다.
개수가 모두 같습니다.
색깔이 모두 다릅니다.
무늬가 모두 같습니다.

모양이 모두 다릅니다.
개수가 모두 다릅니다.
색깔이 모두 다릅니다.
무늬가 모두 다릅니다.

속성 비교하기

셋 카드의 속성을 서로 비교해 봅시다.

① 3장의 셋 카드를 비교하여 모두 같은 속성에 ◯표 하시오.

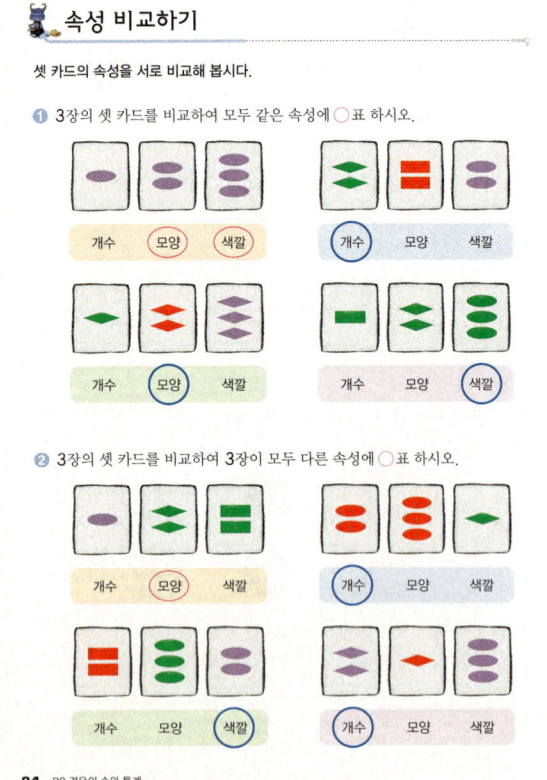

개수　모양　색깔

개수　모양　색깔

개수　모양　색깔

개수　모양　색깔

② 3장의 셋 카드를 비교하여 3장이 모두 다른 속성에 ◯표 하시오.

개수　모양　색깔

개수　모양　색깔

개수　모양　색깔

개수　모양　색깔

[모두 같은 속성 찾기]
1 3장의 셋 카드를 비교하여 모두 같은 속성을 선으로 이으시오.

개수

· 모양

색깔

[속성이 모두 다른 모양]
2 다음 중 모양, 무늬, 색깔 속성이 모두 다른 모양 3개를 찾아 ◯표 하시오.

주어진 모양 속성에는 △, ◯, ▭ 모양이 있어. ▭ 모양은 한 개니까 반드시 필요하겠지?

모양: △, ◯, ▭
무늬: 색이 채워진 무늬, 비어 있는 무늬, 선이 그려진 무늬
색깔: 파랑, 연두, 주황

정답 및 해설　**5**

🏰 모두 같거나 모두 다르거나

셋 카드는 개수, 색깔, 모양, 무늬의 속성을 가지고 있습니다. 4개의 속성 중 모두 같거나 모두 다른 속성을 가진 카드 3장을 '똑똑'이라고 합니다. 물음에 답하시오.

❶ 다음은 '똑똑'이 되는 카드 3장입니다. 알맞은 말에 ◯표 하시오.

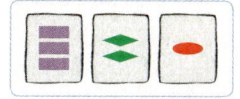　　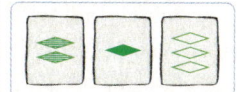

개수가 모두 (같습니다, (다릅니다)).　　개수가 모두 (같습니다, (다릅니다)).
색깔이 모두 (같습니다, (다릅니다)).　　색깔이 모두 ((같습니다), 다릅니다).
모양이 모두 (같습니다, (다릅니다)).　　모양이 모두 ((같습니다), 다릅니다).
무늬가 모두 ((같습니다), 다릅니다).　　무늬가 모두 (같습니다, (다릅니다)).

❷ 3장의 카드 중 1장을 왼쪽 카드와 바꾸면 '똑똑'이 된다고 합니다. '똑똑'이 되려면 바꾸어야 하는 카드에 ◯표 하시오.

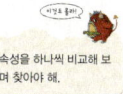

카드를 바꾸면
개수는 모두 같고,
색깔은 모두 다르고,
모양은 모두 같고,
무늬는 모두 다릅니다.

속성을 하나씩 비교해 보며 찾아야 해.

[팡팡과 퐁퐁]

1 3개의 도형이 색깔은 모두 같고 모양이 모두 다르면 '팡팡', 색깔과 모양이 모두 다르면 '퐁퐁'이라고 합니다. '팡팡'과 '퐁퐁'을 찾아 묶어 보시오. (단, '팡팡'이면서 '퐁퐁'인 도형은 없습니다.)

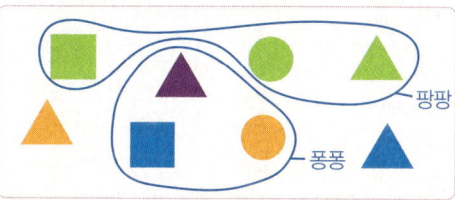

'팡팡'을 먼저 찾은 후 '팡팡'에 속하지 않은 나머지 도형 5개 중에서 '퐁퐁'을 찾습니다.

[속성이 같은 카드]

2 다음 중 '똑똑'이 되는 카드 3장을 찾아 ◯표 하시오.

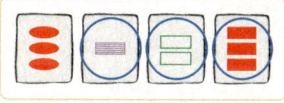

개수는 모두 다르고, 색깔은 모두 다르고, 모양은 모두 같고, 무늬는 모두 다른 '똑똑'이 됩니다.

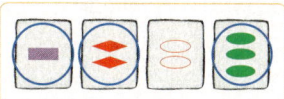　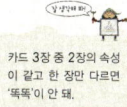

카드 3장 중 2장의 속성이 같고 한 장만 다르면 '똑똑'이 안 돼.

개수는 모두 다르고, 색깔은 모두 다르고, 모양은 모두 다르고, 무늬는 모두 같은 '똑똑'이 됩니다.

🧒 창의적 문제해결력

1 주어진 단어들 사이의 관계를 생각하여 분류하려고 합니다. ☐ 안에 알맞은 기호를 써넣으시오.

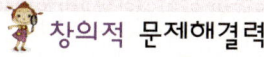

ⓐ 오토바이　　ⓑ 바퀴 2개
ⓒ 버스　　　　ⓓ 자전거
ⓔ 탈 것　　　　ⓕ 승용차
ⓖ 바퀴 4개

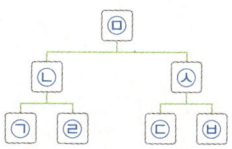

주어진 단어 중 모든 단어를 포함할 수 있는 것이 나뭇가지 그림의 가장 위에 들어가야 합니다.

2 기준에 따라 모양을 매트릭스로 분류한 것입니다. 잘못 분류되어 있는 도형을 찾아 모두 ✕표 하시오.

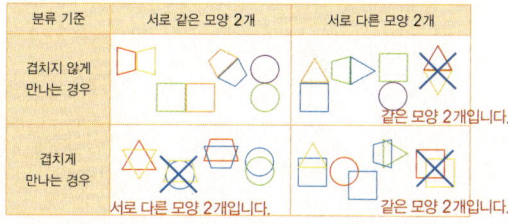

분류 기준	서로 같은 모양 2개	서로 다른 모양 2개
겹치지 않게 만나는 경우		같은 모양 2개입니다.
겹치게 만나는 경우	서로 다른 모양 2개입니다.	같은 모양 2개입니다.

📍 동영상 특강
QR 코드를 찍어 보세요!

3 지오는 같은 반 학생들 중에서 안경을 쓴 사람과 모자를 쓴 사람을 조사하여 벤 다이어그램으로 나타내었습니다. 벤 다이어그램 안의 수는 각 부분에 해당하는 사람의 수입니다. 안경만 쓴 사람은 모자만 쓴 사람보다 몇 명 더 많습니까? **3명**

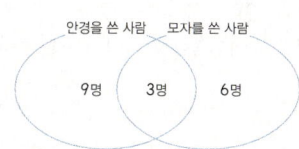

안경을 쓴 사람　모자를 쓴 사람

9명　3명　6명

안경만 쓴 사람이 9－6＝3(명) 더 많습니다.

4 다음 중 모양, 구멍 개수, 색깔 속성이 모두 다른 단추 3개를 찾아 ◯표 하시오.

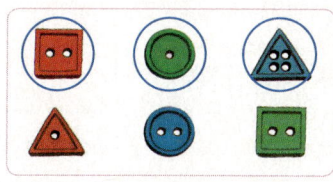

모양: ●, ▲, ■
구멍 개수: 1개, 2개, 4개
색깔: 빨강, 파랑, 초록

선거와 당번 뽑기

4 나뭇가지 그림

대마왕을 무서워하는 꼬마 요괴들이 깃발 3개를 이용하여 신호를 주고 받기로 하였습니다.

깃발의 순서를 다르게 하면 여러 가지 신호를 만들 수 있어.

왼쪽부터 빨강, 파랑, 노랑 순으로 깃발을 올리면 대마왕이 화가 났다는 신호야.

다른 꼬마 요괴들도 여러 가지 신호를 만들려고 합니다.

빨강, 노랑, 파랑 순으로 깃발을 올리면 대마왕이 먹을 것을 찾는다는 신호야.

이 3개의 깃발로 몇 가지의 신호를 만들 수 있지?

왼쪽부터 빨강, 파랑, 노랑 깃발을 꽂는 방법을 나뭇가지 그림으로 나타내었습니다. 빈 곳에 알맞은 색깔을 쓰시오.

깃발 3개를 이용하여 만들 수 있는 신호는 몇 가지입니까? 6가지

3마리의 동물을 한 줄로 세우려고 합니다. 가를 맨 앞에 세웠을 때 줄 서는 순서를 나뭇가지 그림으로 나타내었습니다. 빈 곳에 알맞은 기호를 쓰시오.

3마리의 동물을 한 줄로 세울 수 있는 방법은 몇 가지입니까? 6가지

🐱 노코 포인트

가짓수를 구할 때 나뭇가지 모양으로 순서대로 나열한 것을 나뭇가지 그림이라고 합니다. 나뭇가지 그림은 순서를 정해서 차례로 쓰는 것이 중요합니다.

• 숫자 1, 2, 3으로 만들 수 있는 세 자리 수

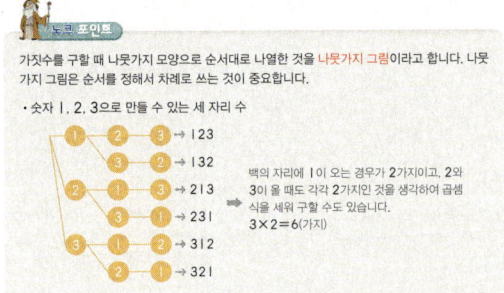

백의 자리에 1이 오는 경우가 2가지이고, 2와 3이 올 때도 각각 2가지인 것을 생각하여 곱셈식을 세워 구할 수도 있습니다.
3×2=6(가지)

🐲 신호등

꼬마 요괴가 장난을 쳐서 고장난 신호등은 빨간색만 켜지고, 등이 켜지기도 하고 꺼지기도 합니다. 고장난 신호등으로 나타낼 수 있는 신호는 몇 가지인지 알아봅시다.

등이 켜질 때도 있고, 꺼질 때도 있지.

❶ 불이 켜진 등은 색칠하고, 꺼진 등은 ×표 하여 고장난 신호등이 나타낼 수 있는 신호를 나뭇가지 그림으로 나타내어 보시오.

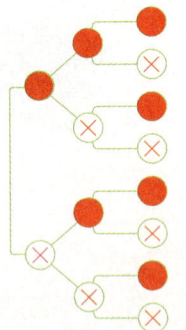

첫 번째 등이 켜졌을 때와 꺼졌을 때 나타낼 수 있는 신호로 나누어 생각해 보는 거야.

❷ 고장난 신호등으로 나타낼 수 있는 신호는 모두 몇 가지입니까? 8가지

[색칠하는 방법의 수]

1 파란색과 노란색 색연필로 아래의 칸을 색칠하려고 합니다. 한 칸에는 한 가지 색만 칠할 때 색칠하는 방법은 모두 몇 가지입니까? (단, 두 칸에 같은 색을 칠해도 됩니다.) 4가지

파 ─ 파
    └ 노   노 ─ 파
              └ 노   → 4가지

2×2=4(가지)로 구할 수도 있습니다.

[2가지 색 등]

2 빨간색 또는 초록색이 켜지는 등이 있습니다. 등이 모두 꺼지거나 모두 켜지는 경우를 포함하여 등으로 나타낼 수 있는 신호는 모두 몇 가지입니까? 9가지

위의 등이 빨간색일 때는 모두 3가지 신호를 만들 수 있어.

위의 등
아래의 등

🐉 선거

꼬마 요괴들이 대장과 부대장을 뽑는 선거를 하기로 하였습니다. 다음 4명의 후보 중에서 대장과 부대장을 뽑는 경우는 모두 몇 가지인지 알아봅시다.

기호 1번 딴소리　기호 2번 거꾸로　기호 3번 잠만자　기호 4번 울보

❶ 대장과 부대장을 뽑는 방법을 나타낸 나뭇가지 그림입니다. ○ 안에 번호를 써넣어 대장과 부대장을 뽑는 경우는 모두 몇 가지인지 구하시오. 12가지

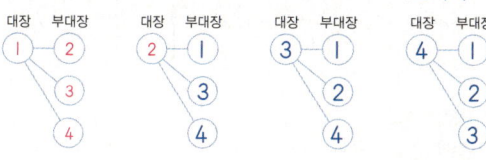

기호 2번 거꾸로가 대장이 될 수 있는 요괴의 번호를 차례로 써넣으렴.

❷ ❶의 나뭇가지 그림을 보고 곱셈식을 만들어 대장과 부대장을 뽑는 경우는 모두 몇 가지인지 구하시오.

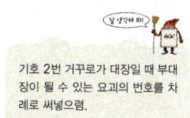

$4 × 3 = 12$ (가지)

[젤리 골라 먹기]

1 아인이와 초이가 젤리 4개 중 한 개씩 골라 먹는 방법은 모두 몇 가지인지 구하시오. 12가지

내가 먼저 골라 봐야지.

딸기맛　포도맛
멜론맛　오렌지맛

아인

네가 고르고 나서 내가 고를게.

초이

아인	초이	아인	초이	아인	초이	아인	초이
딸기맛	포도맛	포도맛	딸기맛	멜론맛	딸기맛	오렌지맛	딸기맛
	멜론맛		멜론맛		포도맛		포도맛
	오렌지맛		오렌지맛		오렌지맛		멜론맛

[두 자리 수 만들기]

2 다음 숫자 카드 4장 중 2장을 뽑아 만들 수 있는 두 자리 수는 몇 개인지 구하시오. 9개

0　3　5　7

십의 자리에 놓을 수 없는 카드가 하나 있잖아. 보이지?

십의 자리에는 숫자 0을 쓸 수 없으므로 십의 자리에 3, 5, 7을 놓고 나뭇가지 그림을 그립니다.

십 일　十 일　十 일
3 0　5 0　7 0
　5　　3　　3
　7　　7　　5

---

⑤ 선 잇기

새학기에 같은 모둠이 된 친구 5명이 서로 한 번씩 악수를 하고 있습니다.

우리 모두 한 번씩 악수하자.

해진　초이　태경

안녕! 반가워, 아인아.

아인　지오

아인이가 지오와 악수하는 것을 선으로 나타내었습니다. 5명이 악수하는 경우를 선을 그어 나타내고 모두 몇 번 하는지 구하시오. 10번

그은 선을 세어 보면 모두 10번입니다.

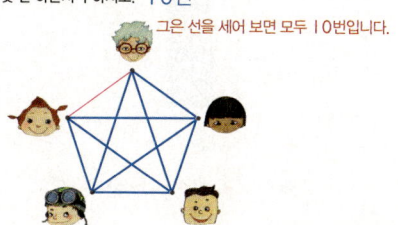

⚫ 태경, 지오, 초이, 아인이 중 두 사람이 서로 한 번씩 탁구 경기를 하려고 합니다. 4명의 경기를 선을 그어 나타내고, 경기를 모두 몇 번하는지 구하시오. 6번

그은 선을 세어 보면 모두 6번입니다.

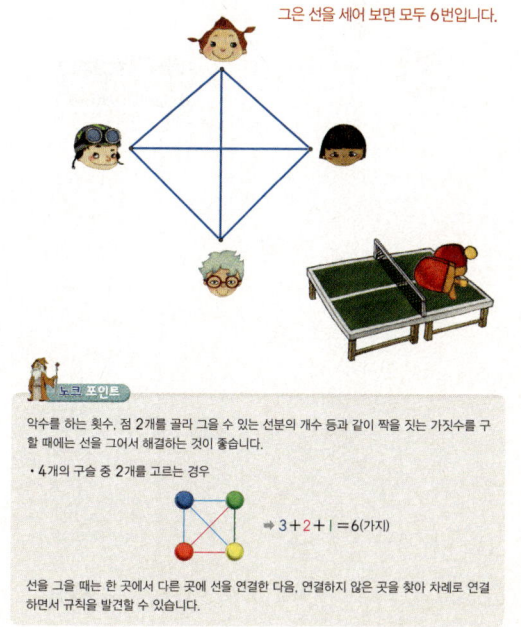

🦉 도로록 포인트

악수를 하는 횟수, 점 2개를 골라 그을 수 있는 선분의 개수 등과 같이 짝을 짓는 가짓수를 구할 때에는 선을 그어서 해결하는 것이 좋습니다.

• 4개의 구슬 중 2개를 고르는 경우

⇒ $3 + 2 + 1 = 6$(가지)

선을 그을 때는 한 곳에서 다른 곳에 선을 연결한 다음, 연결하지 않은 곳을 찾아 차례로 연결하면서 규칙을 발견할 수 있습니다.

8　B8 경우의 수와 통계

🐜 선분의 개수

40 41

두 점을 곧게 이은 선을 선분이라고 하고, 점 ㄱ과 점 ㄴ을 이은 선분을 선분 ㄱㄴ이라고 합니다. 두 점을 이어 그을 수 있는 선분의 개수를 구해 봅시다.

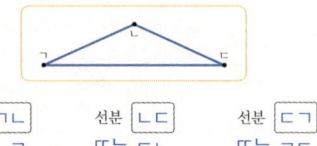

선분 ㄱㄴ

❶ 다음과 같이 세 점이 놓여 있습니다. 세 점 중 두 점을 이은 선분을 모두 그리고, 선분의 이름을 쓰시오.

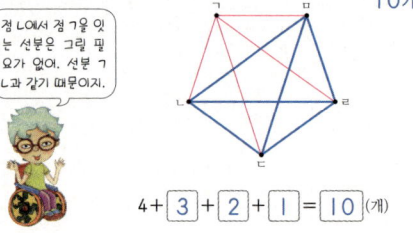

선분 ㄱㄴ
또는 ㄴㄱ

선분 ㄴㄷ
또는 ㄷㄴ

선분 ㄷㄱ
또는 ㄱㄷ

❷ 점 5개 중 2개를 이어 그릴 수 있는 선분의 개수를 세려고 합니다. 점 ㄱ에서 그릴 수 있는 선분은 4개입니다. 점 ㄴ, 점 ㄷ, 점 ㄹ, 점 ㅁ의 순서대로 선분을 그려 보고, 다음 덧셈식을 완성하시오. 그릴 수 있는 선분은 모두 몇 개입니까?

10개

점 ㄴ에서 점 ㄱ을 잇는 선분은 그릴 필요가 없어. 선분 ㄱㄴ과 같기 때문이지.

$4 + \boxed{3} + \boxed{2} + \boxed{1} = \boxed{10}$ (개)

[선분의 개수]

1 점 2개를 이어서 선분을 그렸을 때, 점의 수에 따라 만들 수 있는 선분의 개수를 나타낸 표입니다. ☐ 안에 알맞은 수를 써넣으시오.

점의 수	선분의 개수를 구하는 식	선분의 개수
▲	$2+1$	3
✕	$3+\boxed{2}+1$	$\boxed{6}$
✴	$4+\boxed{3}+\boxed{2}+1$	$\boxed{10}$
✳	$\boxed{5}+\boxed{4}+\boxed{3}+\boxed{2}+\boxed{1}$	$\boxed{15}$

[원 위의 점]

2 원 위의 점 8개 중 점 2개를 이어 만들 수 있는 선분은 모두 몇 개입니까?

28개

$7+6+5+4+3+2+1=28$(개)

🍖 당번 선발

42 43

꼬마 요괴 5명 중에서 2명이 대마왕의 성을 매일 청소해야 합니다. 2명씩 청소 당번을 정하는 방법은 몇 가지가 있는지 알아봅시다.

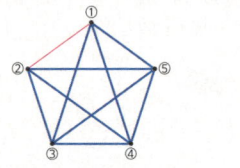

공평하게 돌아가면서 해야 돼.

너희들 중 2명이 청소 당번이 되어 매일 청소를 해야 한다.

❶ 꼬마 요괴들에게 ①, ②, ③, ④, ⑤ 번호를 붙였습니다. 2명씩 선으로 이어 보시오. 선으로 이은 꼬마 요괴 2명이 청소 당번이 됩니다.

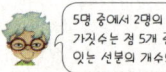

선 하나를 이었더니 ①번과 ②번이 청소 당번이군. 2명씩 잇는 선을 모두 그어 봐.

❷ 선의 수를 세어 5명의 꼬마 요괴 중에서 2명의 청소 당번을 뽑는 방법의 가짓수를 구하시오. 10가지

$4+3+2+1=10$(가지)

5명 중에서 2명의 당번을 뽑는 가짓수는 점 5개 중에서 2개를 잇는 선분의 개수와 같군.

[심부름]

1 4명의 학생 중 2명이 심부름을 가기로 하였습니다. 선을 그어 심부름을 갈 학생 2명을 뽑는 가짓수를 구해 보시오. 6가지

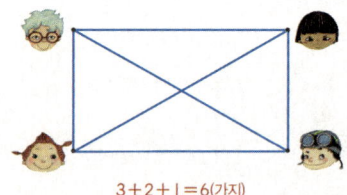

$3+2+1=6$(가지)

[동물의 대표]

2 동물 6마리 중에서 대표 2마리를 뽑는 방법은 모두 몇 가지입니까? 15가지

두 점을 잇는 선을 그리고, 그린 선의 개수를 세어 봐.

$5+4+3+2+1=15$(가지)

정답 및 해설 **9**

6 길의 가짓수

지오는 아침에 태경이네 집에 들러서 태경이와 함께 학교에 갑니다. 지오가 학교에 갈 수 있는 길을 모두 그려 보시오.

태경아, 학교 가자.

한 번 지난 곳은 다시 지나면 안 돼.

아인이네 집에서 학교에 가는 길과 태경이네 집에서 학교에 가는 길을 나타낸 것입니다. 집에서 출발하여 학교까지 가는 방법의 가짓수가 더 많은 사람은 누구입니까? (단, 한 번 지난 곳은 다시 지나지 않습니다.) 아인

아인이네 집   분식집   학교

태경이네 집   문구점   학교

아인이네 집에서 학교까지 가는 길은 모두 4가지이고,
태경이네 집에서 학교까지 가는 길은 모두 3가지입니다.

포인트
파란색 길은 가에서 나를 지나서 다까지 가는 길이고, 빨간색 길은 가에서 나를 지나지 않고 다까지 바로 가는 길입니다. 가에서 나를 지나서 다까지 가는 길의 가짓수는 곱셈을 이용해서 구할 수 있습니다.

가   나   다

가 → 나 → 다   가 → 다
$2 \times 2 = 4$(가지)   1가지

가에서 다까지 가는 길의 가짓수를 구할 때는 나를 지나서 가는 경우와 나를 지나지 않고 바로 가는 경우의 가짓수를 더합니다.
$4 + 1 = 5$(가지)

가는 방법의 가짓수

서울에 사는 초이네 가족은 제주도 여행 계획을 세우고 있습니다. 목포를 지나는 방법과 바로 가는 방법 중 선택하려고 합니다. 서울에서 제주도까지 가는 방법은 모두 몇 가지인지 알아봅시다. (단, 한 번 지난 곳은 다시 지나지 않습니다.)

 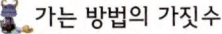

초이네 집   목포   제주도

❶ 목포를 지나서 제주도에 가는 방법의 가짓수를 곱셈식으로 구하시오.

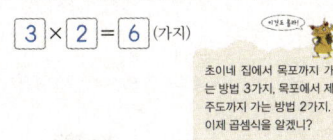

$3 \times 2 = 6$ (가지)

초이네 집에서 목포까지 가는 방법 3가지, 목포에서 제주도까지 가는 방법 2가지, 이제 곱셈식을 알겠지?

❷ 목포를 지나지 않고 제주도에 바로 가는 방법은 몇 가지입니까? 2가지

❸ 초이네 가족이 제주도까지 가는 방법은 모두 몇 가지입니까? 8가지
$6 + 2 = 8$(가지)

[병원에 가는 방법]

1 태경이네 집에서 병원까지 가는 방법은 모두 몇 가지인지 구하시오. (단, 한 번 지난 곳은 다시 지나지 않습니다.) 9가지

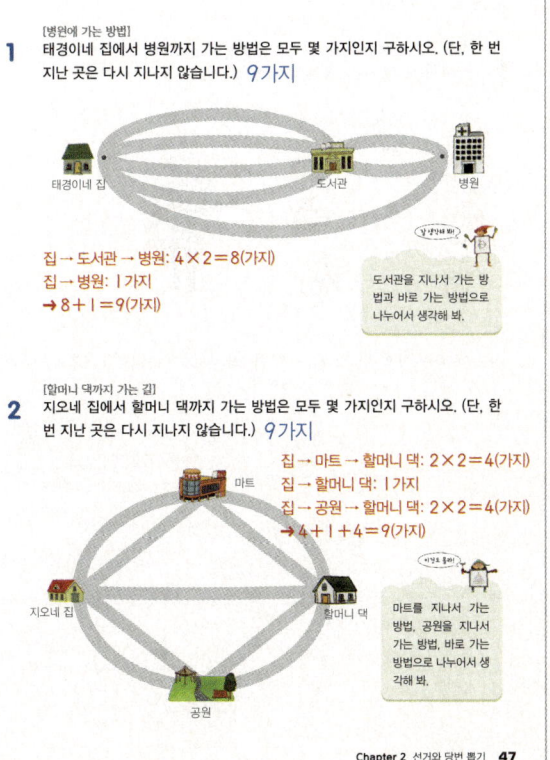

태경이네 집   도서관   병원

집 → 도서관 → 병원: $4 \times 2 = 8$(가지)
집 → 병원: 1가지
→ $8 + 1 = 9$(가지)

도서관을 지나서 가는 방법과 바로 가는 방법으로 나누어서 생각해 봐.

[할머니 댁까지 가는 길]

2 지오네 집에서 할머니 댁까지 가는 방법은 모두 몇 가지인지 구하시오. (단, 한 번 지난 곳은 다시 지나지 않습니다.) 9가지

마트

지오네 집   할머니 댁

공원

집 → 마트 → 할머니 댁: $2 \times 2 = 4$(가지)
집 → 할머니 댁: 1가지
집 → 공원 → 할머니 댁: $2 \times 2 = 4$(가지)
→ $4 + 1 + 4 = 9$(가지)

마트를 지나서 가는 방법, 공원을 지나서 가는 방법, 바로 가는 방법으로 나누어서 생각해 봐.

48 · 49

🐻 최단 거리

어머니께서 아인이에게 심부름을 시키셨습니다. 집에서 마트까지 가는 가장 짧은 길은 몇 가지인지 알아봅시다.

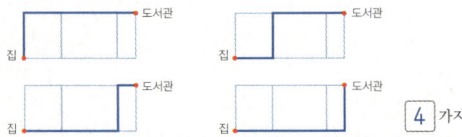

> 마트에서 김을 사 오렴. 다른 데 들르지 말고 빨리 다녀와야 해.

❶ 집에서 도서관까지 가는 가장 짧은 길을 모두 그려 보시오. 모두 몇 가지입니까?

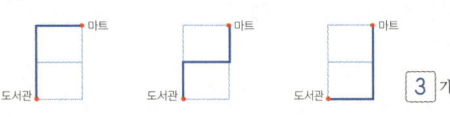

4 가지

❷ 도서관에서 마트까지 가는 가장 짧은 길을 모두 그려 보시오. 모두 몇 가지입니까?

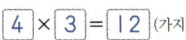

3 가지

❸ 집에서 마트까지 가는 가장 짧은 길은 모두 몇 가지입니까?

$4 \times 3 = 12$ (가지)

[태경이의 등굣길]

1 태경이네 집에서 도서관을 지나 학교에 가는 가장 짧은 길은 모두 몇 가지인지 구하시오. **6가지**

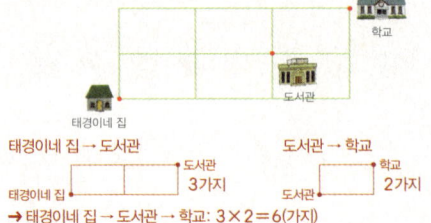

태경이네 집 → 도서관
3가지

도서관 → 학교
2가지

→ 태경이네 집 → 도서관 → 학교: $3 \times 2 = 6$(가지)

[전봇대]

2 강아지가 집에서 출발하여 전봇대까지 가려고 합니다. ㉠을 지나서 가는 가장 짧은 길의 가짓수와 ㉡을 지나서 가는 가장 짧은 길의 가짓수를 각각 구하시오. **4가지, 9가지**

㉠을 지나서 가는 경우
$4 \times 1 = 4$(가지)

㉡을 지나서 가는 경우
$3 \times 3 = 9$(가지)

---

50 · 51

🧝 창의적 문제해결력

1 학생 4명이 서로 한 번씩 악수를 하려고 합니다. 악수를 모두 몇 번하게 됩니까? **6번**

선을 그어 4명이 2명씩 짝을 이루는 가짓수를 구합니다.

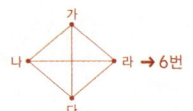

가
나 ─── 라 → 6번
다

2 태경, 아인, 지오, 초이가 한 줄로 서려고 합니다. 태경이 다음에 바로 아인이가 줄을 서는 방법은 모두 몇 가지인지 구하시오. **6가지**

태경 아인 지오 초이

> 나뭇가지 그림을 그려 봐.
> 태경─아인 ┬ 지오─초이
>   └ 초이─지오
> 지오 ┬ 태경─아인─초이
> :

나뭇가지 그림을 그려 보면

지오 ┬ 초이─태경(아인)─초이 지오─태경(아인)
     └ 태경(아인)─초이 초이─지오

📹 동영상 특강
QR 코드를 찍어 보세요!

3 지오네 집에서 공원까지 가는 방법은 모두 몇 가지인지 구하시오. (단, 한 번 지난 곳은 다시 지나지 않습니다.) **8가지**

마트
지오네 집   공원

집 → 마트 → 공원: $2 \times 3 = 6$(가지)
집 → 공원: 2가지
→ $6 + 2 = 8$(가지)

4 태경이네 집에서 분식점을 지나지 않고 도서관까지 가는 가장 짧은 길은 모두 몇 가지인지 구하시오. **4가지**

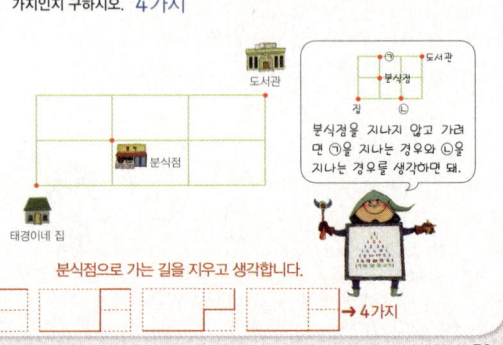

> 분식점을 지나지 않고 가려면 ㉠을 지나는 경우와 ㉡을 지나는 경우를 생각하면 돼.

분식점으로 가는 길을 지우고 생각합니다.

→ 4가지

정답 및 해설 **11**

7 표와 그래프

8명의 꼬마 요괴가 가지고 있는 마법 방망이의 수를 조사해서 표와 그래프로 나타내었습니다.

마법 방망이 수

꼬마 요괴	멍하니	딴소리	거꾸로	울보	한입	잠만자	장난	딴짓	합계
방망이 수	3	7	4	5	2	1	5	6	33

마법 방망이 수

(그래프)

> 마법 방망이가 가장 많은 꼬마 요괴가 나의 수제자가 될 것이야.

마법 방망이를 가장 많이 가진 꼬마 요괴를 쓰시오. **딴소리 요괴**

울보 요괴와 같은 수의 마법 방망이를 가지고 있는 꼬마 요괴를 쓰시오. **장난 요괴**

꼬마 요괴들의 마법 방망이 수를 비교하는 데 표와 그래프 중 어느 것이 더 편리합니까? **그래프**

도넛의 개수만큼 ○를 그려 그래프를 완성하고, 가장 많은 도넛의 맛을 쓰시오. **바닐라맛**

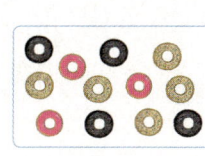

맛별 도넛 수

(그래프)

노트 포인트

조사한 자료를 정리하여 쉽게 나타내는 방법에는 표와 그래프가 있습니다.

우리 반 친구들이 태어난 달

월	1	2	3	4	5	6	7	8	9	10	11	12	합계
학생 수	1	3	0	2	5	2	4	2	0	1	2	3	25

우리 반 친구들이 태어난 달

(그래프)

자료가 많고 복잡할수록 그래프가 표보다 자료를 비교하기 편리합니다.

표와 그래프로 나타내기

겨울방학 동안의 날씨를 조사한 것입니다. 조사한 결과를 표와 그래프로 나타내어 보시오.

겨울방학 동안의 날씨

날씨	☀	☁	☂	❄	합계
날수	9	8	3	6	26

겨울방학 동안의 날씨

> 올 겨울방학에는 눈이 비보다 많이 왔군.

각 날씨별 날수에 맞춰 맨 아랫칸부터 ○를 그립니다.

[그래프 보고 표 완성하기]

1 아인이네 반 남학생들이 좋아하는 운동을 그래프로 나타낸 것입니다. 그래프를 보고 표를 완성하시오.

좋아하는 운동 (그래프)

좋아하는 운동

운동	농구	야구	축구	합계
학생 수	2	6	4	12

[표와 그래프 완성하기]

2 초이네 반 학생들이 가장 좋아하는 계절을 나타낸 표입니다. 표와 그래프를 완성하시오.

좋아하는 계절

계절	봄	여름	가을	겨울	합계
학생 수	6	5	7	3	21

좋아하는 계절

(그래프)

(겨울을 좋아하는 학생 수)=21-6-5-7=3(명)

🐻 지워진 표와 그래프

58 · 59

지오네 반 학생들이 좋아하는 동물을 조사하여 나타낸 표와 그래프입니다. 표와 그래프를 완성하고, 물음에 답하시오.

좋아하는 동물

동물	토끼	고양이	강아지	햄스터	병아리	합계
학생 수	4	6	8	2	3	23

좋아하는 동물

8		○			
7		○			
6		○	○		
5		○	○		
4	○	○	○		
3	○	○	○		○
2	○	○	○	○	○
1	○	○	○	○	○
학생 수 / 동물	토끼	고양이	강아지	햄스터	병아리

❶ 가장 많은 학생들이 좋아하는 동물은 무엇입니까? **강아지**

❷ 고양이를 좋아하는 학생은 햄스터를 좋아하는 학생보다 몇 명 더 많습니까?
4명
고양이를 좋아하는 학생은 6명, 햄스터를 좋아하는 학생은 2명이므로 고양이를 좋아하는 학생이 6-2=(4)명 더 많습니다.

❸ 지오네 반 학생은 모두 몇 명입니까? **23명**
표에서 합계의 수가 전체 학생 수입니다.

---

1 [싫어하는 채소]
태경이네 반 학생들이 싫어하는 채소를 조사하여 나타낸 표와 그래프의 일부분입니다. 당근을 싫어하는 학생은 몇 명입니까? **3명**

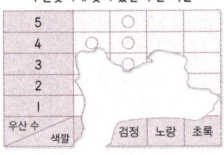
싫어하는 채소

채소	마늘	양파	당근	고추	합계
학생 수	7	2	3	3	15

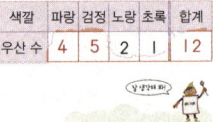
싫어하는 채소

7	○			
6	○			
5	○			
4	○			
3	○		○	○
2	○	○	○	○
1	○	○	○	○
학생 수 / 채소	마늘	양파	당근	고추

(당근을 싫어하는 학생 수)=15-7-2-3=3(명)

2 [우산의 색깔]
비 오는 날 우산꽂이에 꽂혀 있는 우산의 색깔을 조사하여 나타낸 표와 그래프의 일부가 찢어졌습니다. 우산꽂이에 꽂혀 있는 우산은 모두 몇 개입니까? **12개**

우산꽂이에 꽂혀 있는 우산 색깔

5		○		
4		○		
3		○	○	
2		○	○	
1		○	○	○
우산 수 / 색깔		검정	노랑	초록

우산꽂이에 꽂혀 있는 우산 색깔

색깔	파랑	검정	노랑	초록	합계
우산 수	4	5	2	1	12

그래프를 보고 표의 찢어진 부분을 다시 만들어 보렴.

그래프를 보면 파랑은 4개, 검정은 5개입니다. 따라서 합계는
4+5+2+1=12(개)입니다.

---

8 표와 그래프 이해하기

60 · 61

초이네 반 학생들이 불우이웃 돕기 장터를 열기로 하였습니다. 음식은 떡볶이, 어묵, 김밥, 순대를 준비하기로 했는데 음식을 얼마나 준비해야 할지 고민입니다.

 어떤 음식을 얼마나 많이 준비해야 할지가 고민이네.

내가 조사해 볼게.

태경이는 같은 반 친구들이 4가지 음식 중 어떤 음식을 가장 좋아하는지 조사하여 표로 나타내었습니다.

가장 좋아하는 음식

음식	떡볶이	어묵	김밥	순대	합계
학생 수	9	5	2	8	24

불우이웃 돕기 장터에서 가장 많이 준비해야 하는 음식은 무엇입니까? **떡볶이**
가장 많은 학생이 좋아하는 떡볶이를 가장 많이 준비해야 합니다.

순대를 가장 좋아하는 학생은 김밥을 가장 좋아하는 학생보다 몇 명 더 많습니까?
6명

8-2=6(명)

---

❹ 아인이네 반 남학생들과 여학생들이 좋아하는 색연필의 색깔을 각각 나타낸 표입니다. 표를 보고 학교 앞 문구점에서 가장 많이 준비해야 하는 색연필에 ○표 하시오.

남학생들이 좋아하는 색연필의 색깔

색깔	파란색	빨간색	초록색	검정색	합계
학생 수	3	6	1	3	13

여학생들이 좋아하는 색연필의 색깔

색깔	파란색	빨간색	초록색	검정색	합계
학생 수	2	4	3	3	12

파란색: 3+2=5(명), 빨간색: 6+4=10(명), 초록색: 1+3=4(명),
검정색: 3+3=6(명)
가장 많은 학생이 좋아하는 색이 빨간색이므로 빨간색 색연필을 가장 많이 준비해야 합니다.

🧙 등록 포인트

조사 자료를 보고 조사한 대상에 대해 여러 가지를 알 수 있고, 조사하지 않은 대상에 대해 예상을 할 수도 있습니다.

여름에 가장 가고 싶어하는 곳

장소	수영장	해수욕장	놀이공원	박물관	합계
학생 수	17	15	30	3	65

위의 결과를 보고 직접 조사하지 않은 학생들도 박물관보다 놀이공원이나 수영장에 더 많이 가고 싶어한다고 예상할 수 있습니다.

🐻 그래프의 이해

초이가 운동장에 있는 학생들을 대상으로 좋아하는 과일을 조사하여 나타낸 그래프입니다. 물음에 답하시오.

좋아하는 과일

학생 수\과일	사과	감	귤	배	바나나
7		○			
6		○			
5		○	○		
4		○	○	○	
3		○	○	○	○
2		○	○	○	○
1	○	○	○	○	○

❶ 초이가 조사한 학생은 모두 몇 명입니까? **20명**

$1+7+3+5+4=20$(명)

❷ 다음은 초이가 위 그래프를 보고 생각한 것입니다. 잘못 생각한 것을 모두 찾아 기호를 쓰시오. **㉠, ㉢, ㉤**

> ㉠ 올해는 감이 풍년이구나.
> ㉡ 사과를 좋아하는 학생이 가장 적어.
> ㉢ 우리 반에서 과일을 팔면 귤이 배보다 많이 팔리겠구나.
> ㉣ 배를 좋아하는 학생 수와 바나나를 좋아하는 학생 수의 차는 1명이야.
> ㉤ 사과를 좋아하는 학생들이 적은 것을 보니 사과는 어른들이 가장 많이 좋아하는 과일이야.

㉠ 가장 많은 학생이 좋아하는 과일이지만 풍년 여부는 알 수 없습니다.
㉢ 우리 반에서 과일을 팔면 배를 좋아하는 학생이 귤을 좋아하는 학생보다 많으므로 배가 귤보다 더 많이 팔릴 것입니다.
㉤ 가장 적은 학생이 좋아하는 과일일 뿐 어른과는 관계 없습니다.

---

1 그래프를 바르게 이해한 사람의 이름을 쓰시오. **초이**

편의점에서 1시간 동안 팔린 간식

개수\간식	김밥	우유	라면	과자
8			○	
7			○	
6		○	○	
5		○	○	
4		○	○	
3	○	○	○	
2	○	○	○	○
1	○	○	○	○

가장 많이 팔린 것은 라면이야. — 초이
과자가 제일 적게 팔렸네. — 태경
우유가 김밥의 2배만큼 팔렸어. — 아인

태경: 김밥이 가장 적게 팔렸습니다.
아인: 우유는 김밥의 3배만큼 팔렸습니다.

[학생들이 좋아하는 꽃]
2 그래프를 보고 설명이 옳으면 ○표, 틀리면 ×표 하시오.

좋아하는 꽃

학생 수\꽃	장미	백합	튤립	국화
7			○	
6	○		○	
5	○		○	
4	○		○	
3	○	○	○	
2	○	○	○	○
1	○	○	○	○

• 가장 적은 학생들이 좋아하는 꽃은 백합입니다. **×**
• 가장 많은 학생들이 좋아하는 꽃은 튤립입니다. **○**
• 장미와 백합을 좋아하는 학생은 모두 10명입니다. **○**

가장 적은 학생들이 좋아하는 꽃은 국화입니다.

🐻 두 사람의 기록 비교

지오와 태경이는 5일 동안 매일 줄넘기를 하여 그날의 최고 기록으로 표를 만들었습니다. 두 사람의 기록으로 각각 그래프를 완성하고 알 수 있는 사실을 찾아봅시다.

지오와 태경이의 줄넘기 최고 기록

요일	월	화	수	목	금	합계
지오의 최고 기록(번)	4	6	7	8	9	34
태경이의 최고 기록(번)	10	9	8	10	9	46

지오의 줄넘기 최고 기록

최고 기록(번)\요일	월	화	수	목	금
10					○
9				○	○
8			○	○	○
7			○	○	○
6		○	○	○	○
5		○	○	○	○
4	○	○	○	○	○
3	○	○	○	○	○
2	○	○	○	○	○
1	○	○	○	○	○

태경이의 줄넘기 최고 기록

최고 기록(번)\요일	월	화	수	목	금
10	○			○	
9	○	○		○	○
8	○	○	○	○	○
7	○	○	○	○	○
6	○	○	○	○	○
5	○	○	○	○	○
4	○	○	○	○	○
3	○	○	○	○	○
2	○	○	○	○	○
1	○	○	○	○	○

❶ 줄넘기 실력이 계속해서 늘어난 사람은 누구입니까? **지오**

❷ 5일 동안 최고 기록의 합계가 더 많은 사람은 누구입니까? **태경**

$34<46$이므로 태경입니다.

[좋아하는 음식]
1 초이네 반의 남학생과 여학생이 좋아하는 음식을 조사하여 나타낸 표입니다. 두 번째로 많은 학생들이 좋아하는 음식은 무엇인지 쓰시오. **떡볶이**

좋아하는 음식

음식	햄버거	치킨	피자	떡볶이	합계
남학생 수	5	6	3	1	15
여학생 수	1	3	2	7	13
합계	6	9	5	8	28

표를 완성하여 각 음식을 좋아하는 학생 수를 구해보렴.

$9>8>6>5$이므로 두 번째로 많은 학생들이 좋아하는 음식은 8명이 좋아하는 떡볶이입니다.

[학급문고]
2 다음은 아인이네 반과 초이네 반에 있는 책을 각각 조사하여 나타낸 그래프입니다. 아인이네 반에서 초이네 반에 있는 위인전을 전부 빌려왔을 때 아인이네 반에서 가장 많은 책과 가장 적은 책은 몇 권 차이가 나는지 구하시오. **4권**

아인이네 반에 있는 책의 수

권 수\책	위인전	동화책	만화책	역사책
7			○	
6			○	
5	○		○	
4	○		○	○
3	○	○	○	○
2	○	○	○	○
1	○	○	○	○

초이네 반에 있는 책의 수

권 수\책	위인전	동화책	만화책	역사책
7				
6				○
5			○	○
4			○	○
3		○	○	○
2	○	○	○	○
1	○	○	○	○

초이네 반에서 위인전 2권을 빌려오면 아인이네 반에서 가장 많은 책은 $5+2=7$(권)으로 위인전이 되고, 가장 적은 책은 동화책입니다. 위인전과 동화책은 $7-3=4$(권) 차이가 납니다.

9 여러 가지 그래프

66
67

지오네 반 학생들이 좋아하는 과목을 조사하여 여러 가지 그래프로 나타냈습니다.

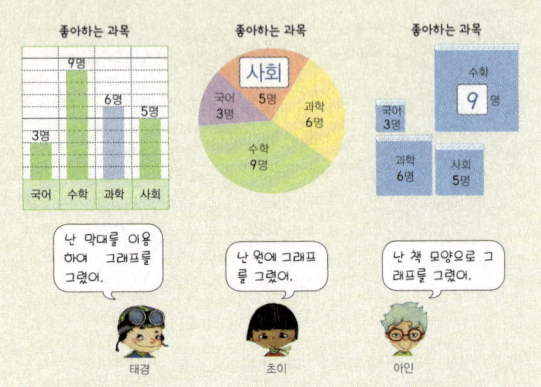

위 그래프에서 빠진 부분을 찾아 완성하시오.

가장 많은 아이들이 좋아하는 과목이 수학이라니……

가장 많은 학생들이 좋아하는 과목과 가장 적은 학생들이 좋아하는 과목을 각각 쓰시오.

가장 많은 학생들이 좋아하는 과목: 수학
가장 적은 학생들이 좋아하는 과목: 국어

66 B8 경우의 수와 통계

왼쪽 그래프를 보고 지오는 좋아하는 과목 순으로 막대를 이용하여 그래프를 그렸습니다. 그래프를 완성하시오.

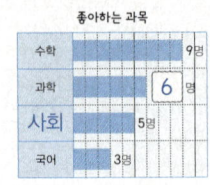

이렇게 그래프를 그리면 좋아하는 과목의 순서를 한눈에 알 수 있어.

지오

노코 포인트

다양한 모양으로 그래프를 그릴 수 있습니다.

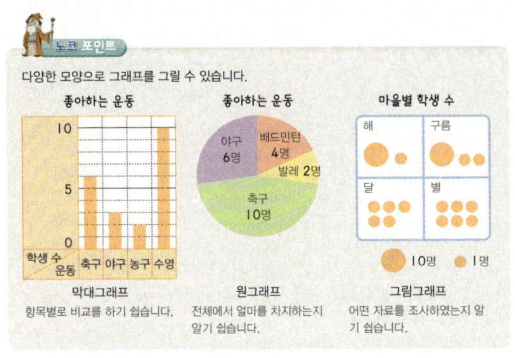

막대그래프
항목별로 비교를 하기 쉽습니다.

원그래프
전체에서 얼마나 차지하는지 알기 쉽습니다.

그림그래프
어떤 자료를 조사하였는지 알기 쉽습니다.

 얼굴그래프

68
69

태경이네 모둠 학생들이 받은 청소 평가와 사물함 정리 평가를 표로 나타내었습니다.

각 학생별 평가

이름	아인	지오	태경	초이	범상	해진
청소	잘함	보통	잘함	못함	잘함	못함
사물함 정리	못함	잘함	보통	못함	잘함	보통

청소 평가는 눈, 사물함 정리 평가는 입 모양 그림으로 얼굴그래프를 그려 봅시다. 평가에 따라 그림은 다음과 같이 그립니다.

각 평가별 그림

평가	잘함	보통	못함
청소	⌒ ⌒	― ―	╲
사물함 정리	‿	―	⌒

아인   지오   태경

초이   범상   해진

청소 평가에 따라 눈 모양을 먼저 그린 후 사물함 정리 평가에 따라 입 모양을 그립니다.

68 B8 경우의 수와 통계

[점수로 나타내기]

1 오른쪽은 과목을 좋아하는 정도를 점수로 나타낸 표입니다. 아인이는 수학을 아주 좋아하고, 국어는 싫어하고, 미술은 좋아합니다. 태경이는 수학을 좋아하고, 국어를 아주 싫어하고, 미술은 아주 좋아합니다. 아인이와 태경이가 세 과목에 대해 좋아하는 정도를 점수로 나타내시오.

좋아하는 정도별 점수

아주 좋아함	4점
좋아함	3점
싫어함	2점
아주 싫어함	1점

좋아하는 정도에 따른 점수

이름 \ 과목	수학	국어	미술
아인	4점	2점	3점
태경	3점	1점	4점

[얼굴 그래프]

2 자장면의 맛 평가는 눈, 짬뽕의 맛 평가는 입 모양 그림으로 나타냅니다. 태경이와 초이는 자장면과 짬뽕 맛에 대한 평가를 얼굴그래프로 오른쪽과 같이 나타내었습니다. 표의 빈칸에 알맞은 말을 쓰시오.

태경   초이

평가별 그림

평가	맛있음	보통	맛없음
자장면	♡ ♡	⌣	╲
짬뽕	⌣	⌣	⌣

맛 평가

이름	태경	초이
자장면	맛있음	보통
짬뽕	맛없음	맛있음

70
71

🐿 기사 속 그래프

초등학생이 생일에 받고 싶은 선물에 관한 기사를 읽고 다음 그래프를 완성하시오.

천재일보   2016년 5월 14일

초등학생이 생일에 가장 받고 싶은 선물은?

어느 초등학교 학생 30명에게 생일에 가장 받고 싶은 선물이 무엇인지 물었습니다.
가장 많은 대답은 휴대 전화로 9명이었고, 다음으로는 만화책이 8명이었습니다. 그 외에 가방과 운동화가 각각 5명으로 수가 같았으며, 3명의 학생은 게임기를 선물로 받고 싶다고 대답했습니다.

❶ 오른쪽 원그래프는 모두 30칸으로 나누어져 있습니다. 초등학생 30명을 조사한 것이므로 한 칸은 1명을 나타냅니다. 휴대 전화라고 대답한 학생은 9명입니다. 빨간색 선부터 시계 방향으로 9칸을 나누고, '휴대 전화 9명'이라고 쓰시오.

생일에 가장 받고 싶은 선물

게임기 3명
운동화 5명
휴대 전화 9명
가방 5명
만화책 8명

❷ 위 그래프에 만화책이라고 답한 학생 수만큼 칸을 나누고 '만화책 8명'이라고 쓰시오.

❸ 위 그래프에 가방, 운동화, 게임기라고 대답한 학생 수에 맞게 각각 칸을 나누고 그래프를 완성하시오.

[학급 신문]

1 다음은 초이네 반 친구들이 좋아하는 곤충을 조사하여 학급 신문에 실은 글입니다. ☐ 안에 알맞은 수를 써넣으시오.

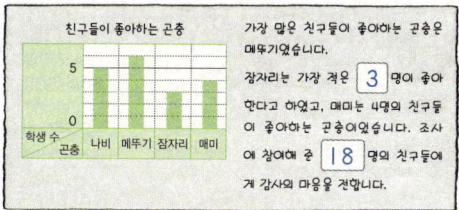

친구들이 좋아하는 곤충

5
학생 수
곤충   나비   메뚜기   잠자리   매미

가장 많은 친구들이 좋아하는 곤충은 메뚜기였습니다.
잠자리는 가장 적은 **3** 명이 좋아한다고 하였고, 매미는 4명의 친구들이 좋아하는 곤충이었습니다. 조사에 참여한 총 **18** 명의 친구들에게 강사의 마음을 전합니다.

조사에 참여한 학생은 모두
5+6+3+4=18(명)입니다.

[원그래프로 나타내기]

2 오른쪽 신문 기사의 내용을 그래프로 만들려고 합니다. 두 그래프의 ☐ 안에 알맞은 수를 쓰시오.

9월은 8월에 비해 비가 온 날이 4일 더 많았고, 흐린 날도 5일 더 많았습니다.

8월의 날씨
비가 온 날 3일 — 흐린 날
맑은 날 **24** 일   **4** 일

9월의 날씨
비가 온 날 **7** 일
맑은 날 14일
흐린 날 9일

9월의 비가 온 날은 3+4=7(일), 8월의 흐린 날은 9−5=4(일)입니다.
8월은 31일까지 있으므로 맑은 날은 31−3−4=24(일)입니다.

72
73

👧 창의적 문제해결력

1 태경이네 반에서 5일 동안 결석한 학생 수를 그래프로 나타내려고 합니다. 목요일과 금요일의 빈 곳을 채워 그래프를 완성하시오.

㉠ 이틀은 결석생이 1명씩이었습니다.
㉡ 5일 동안 결석생은 모두 11명입니다.
㉢ 금요일에 결석생이 가장 많았습니다.

결석한 학생 수

4					○
3	○				○
2	○		○		○
1	○	○	○	○	○
학생 수 / 요일	월	화	수	목	금

㉡에 의해 (목요일과 금요일 결석 수)=11−3−2−1=5(명)
㉠에 의해 목요일과 금요일 결석생 수는 각각 1명, 4명이 될 수 있습니다.
㉢에 의해 금요일은 4명, 목요일은 1명입니다.

2 다음은 아인이가 친구들과 가위바위보를 하고 이긴 경우와 진 경우를 나타낸 그래프입니다. 아인이가 가위바위보를 할 때 가위, 바위, 보 중에서 무엇을 내는 것이 가장 유리합니까? **바위**

가위를 냈을 때
7		○
6		○
5		○
4		○
3	○	○
2	○	○
1	○	○
횟수 결과	이겼음	졌음

바위를 냈을 때
7		
6	○	
5	○	
4	○	
3	○	○
2	○	○
1	○	○
횟수 결과	이겼음	졌음

보를 냈을 때
7		
6		
5		○
4	○	○
3	○	○
2	○	○
1	○	○
횟수 결과	이겼음	졌음

바위를 냈을 때가 이긴 횟수가 가장 많으므로 바위를 내는 것이 유리합니다.

🎥 동영상 특강
QR 코드를 찍어 보세요!

3 지오네 반 학생 23명이 받고 싶은 선물을 나타낸 원그래프입니다. 다음을 보고 게임기를 선물로 받고 싶은 학생 수를 구하시오. **4명**

• 빨간색 부분의 크기는 파란색 부분 크기의 2배입니다.
• 보라색과 연두색 부분의 크기가 같습니다.

받고 싶은 선물
게임기   컴퓨터 5명
자전거   휴대 전화

휴대 전화를 받고 싶어하는 학생이 5×2=10(명), 게임기와 자전거를 받고 싶어하는 학생이 모두 23−5−10=8(명)입니다. 자전거와 게임기를 받고 싶어하는 학생 수가 같으므로 각각 4명씩입니다.

4 다음 두 그래프를 넣어 학급 신문을 만들려고 합니다. 알맞은 신문 기사의 제목을 지어 보시오. **예** 재미없는 현장 학습

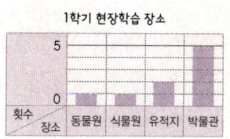 

1학기 현장학습 장소
5
0
횟수
장소   동물원   식물원   유적지   박물관

학생들의 반응
재미있음 4명
그냥 그랬음 4명
재미없음 16명

16   B8 경우의 수와 통계

주사위와 동전

⑩ 주사위 던지기

다음 그림은 신라 시대의 주사위인 '주령구'입니다. 주령구는 면이 14개 있는 주사위로 각 면에는 한자로 '노래 없이 춤추기', '코 때리기', '간지러움 참기' 등 14개의 벌칙이 적혀 있습니다.

노래 없이 춤추기 벌칙이 나왔어.

이렇게 주사위는 옛날부터 여러 나라에서 놀이 도구로 많이 사용되어 왔습니다.

다음은 현재 사용되고 있는 여러 가지 주사위입니다. 주사위 아래의 수의 범위는 주사위에 적힌 수를 나타냅니다.

0~9   1~20   1~8
1~12   1~4   1~6

이 주사위는 위의 꼭짓점에 있는 수를 읽으면 돼.

여섯 개의 주사위 중 여러 번 굴렸을 때 10보다 큰 수가 나올 수 있는 주사위의 색깔을 모두 쓰시오. **주황색, 보라색**
10보다 큰 수가 쓰여 있는 주사위는 주황색, 보라색 주사위입니다.

---

⑤ 주사위에 적힌 수가 1부터 6까지인 주사위 2개를 던졌을 때, 나온 두 수의 합이 4가 되도록 ☐ 안에 알맞은 수를 써넣으시오. (단, ( ) 안의 두 수는 주사위 2개를 던졌을 때 나온 수입니다.)

(1, 3)   (2, 2)   (3, 1)
4−1=3   4−2=2   4−3=1

⑥ 1부터 6까지의 수가 적힌 주사위 2개를 던졌습니다. 나온 두 수의 합이 가장 큰 경우와 가장 작은 경우의 합을 차례로 쓰시오. **12, 2**

어떤 수가 나와야 합이 가장 클까?

어떤 수가 나와야 합이 가장 작을까?

가장 큰 경우: 6+6=12
가장 작은 경우: 1+1=2

토크 포인트

다음 주사위 1개를 던졌을 때 나오는 눈은 1, 2, 3, 4, 5, 6이므로 나올 수 있는 경우는 6가지입니다.

다음 주사위 2개를 던졌을 때 눈의 합이 5가 되는 경우는 1과 4, 2와 3, 3과 2, 4와 1이므로 나올 수 있는 경우는 4가지입니다.

여러 가지 주사위

여러 가지 주사위를 던질 때 나오는 경우의 가짓수를 알아봅시다.

① 다음은 여러 가지 주사위입니다. 주사위 아래의 수의 범위는 주사위에 적힌 수를 나타냅니다. 각 주사위를 던졌을 때 나오는 수는 모두 몇 가지입니까?

 4 가지
1~4

 10 가지
0~9

 12 가지
1~12

 20 가지
1~20

② 1부터 6까지의 수가 적힌 주사위를 던져서 3이 나왔습니다. 각 주사위를 굴려서 더 큰 수가 나오는 경우는 몇 가지입니까?

 **1** 가지
1~4
4
→1가지

 6 가지
0~9
4, 5, 6, 7, 8, 9
→6가지

9 가지
1~12
4, 5, ……, 12
→9가지

17 가지
1~20
4, 5, 6, ……, 20
→17가지

[이기는 수]
1 태경이와 초이는 1부터 6까지의 수가 적힌 주사위를 던져 큰 수가 나오는 사람이 이기는 놀이를 하였습니다. 태경이가 먼저 주사위를 던져 2가 나왔을 때, 초이가 이기게 되는 경우는 몇 가지입니까? **4가지**

난 2가 나왔어.

내가 2보다 큰 수가 나오면 이기는 거네.

태경   초이

3, 4, 5, 6 → 4가지

[홀수, 짝수]
2 주사위 아래의 수의 범위는 주사위에 적힌 수를 나타냅니다. 각 주사위를 던져 나온 수가 홀수인 경우와 짝수인 경우는 각각 몇 가지입니까?

1~8   1~12   1~20

홀수: **4** 가지   홀수: **6** 가지   홀수: **10** 가지
짝수: **4** 가지   짝수: **6** 가지   짝수: **10** 가지

1, 3, 5, 7 → 4가지
2, 4, 6, 8 → 4가지

1, 3, 5, 7, 9, 11
→ 6가지
2, 4, 6, 8, 10, 12
→ 6가지

1, 3, 5, 7, 9, 11,
13, 15, 17, 19
→ 10가지
2, 4, 6, 8, 10, 12,
14, 16, 18, 20
→ 10가지

정답 및 해설 **17**

🎲 주사위 눈의 합

1부터 6까지의 수가 적힌 주사위 2개를 던졌을 때 나오는 두 수의 합을 구해 봅시다.

 합이 7이 나왔군.

(1, 1)이 나오면 합이 2, (6, 6)이 나오면 합이 12가 돼.

❶ 주사위 2개를 던져 나온 수의 합을 모두 적어 표를 완성하시오.

🎲\🎲	1	2	3	4	5	6
1	2	3	4	5	6	7
2	3	4	5	6	7	8
3	4	5	6	7	8	9
4	5	6	7	8	9	10
5	6	7	8	9	10	11
6	7	8	9	10	11	12

❷ 주사위 2개를 던졌을 때 두 수의 합이 4가 되는 경우는 (1, 3), (2, 2), (3, 1)로 3가지입니다. 주사위 2개를 던졌을 때 두 수의 합이 7이 되는 경우는 몇 가지입니까? **6가지**
(1, 6), (2, 5), (3, 4), (4, 3), (5, 2), (6, 1) → 6가지

❸ 주사위 2개를 던졌을 때 가장 많이 나올 것으로 예상할 수 있는 두 수의 합은 얼마입니까? **7**
두 수의 합이 7인 경우가 6가지로 가장 많습니다.

[두 주사위의 수의 차]

1 1부터 6까지의 수가 적힌 주사위 2개를 던져 나오는 수의 차를 알아봅시다.

❶ 빈칸에 주사위 2개를 던져 나온 수의 차를 모두 쓰고, 차가 2인 경우는 몇 가지인지 구하시오.
8가지
(1, 3), (2, 4), (3, 5), (4, 6), (5, 3), (6, 4), (3, 1), (4, 2)

	1	2	3	4	5	6
1	0	1	2	3	4	5
2	1	0	1	2	3	4
3	2	1	0	1	2	3
4	3	2	1	0	1	2
5	4	3	2	1	0	1
6	5	4	3	2	1	0

❷ 가장 많이 나올 것으로 예상할 수 있는 두 수의 차를 쓰시오. **1**
두 수의 차가 1인 경우가 10가지로 가장 많습니다.

[짝수와 홀수가 되는 두 수의 합]

2 1부터 6까지의 수가 적힌 주사위 2개를 던져서 나온 수의 합이 홀수인 경우와 짝수인 경우의 가짓수를 ☐ 안에 각각 쓰시오.

홀수인 경우: ☐18 가지   짝수인 경우: ☐18 가지

앞에 주사위 2개를 던져 나온 수의 합을 적어 놓은 표를 보면서 세어 봐!

---

11 동전과 가짓수

축구 시합에서 동전을 던져서 두 팀 중 어느 팀이 먼저 공격할지 정하려고 합니다. 동전을 던지면 그림 면과 숫자 면의 2가지 경우가 나올 수 있기 때문에 두 팀 중 먼저 공격할 팀을 결정할 수 있습니다.

그림 면이 나오면 우리가 먼저 공격할 거야.

동전 2개를 던져 나올 수 있는 경우를 모두 찾아보려고 합니다. ☐ 안에 '그림' 또는 '숫자'를 알맞게 써넣으시오.

(그림 , 그림)   (그림 , 숫자)

(숫자 , 그림)   (숫자 , 숫자)

주사위 1개와 동전 1개를 함께 던졌습니다. 주사위는 짝수가 나오고, 동전은 그림 면이 나오는 경우를 모두 찾아 보시오.

(2 , 그림)   (4 , 그림)   (6 , 그림)

🔵 가짓수가 많은 것부터 차례로 기호를 쓰시오. ㉠, ㉣, ㉢, ㉡

㉠ 1부터 6까지의 수가 쓰여 있는 주사위 1개를 던질 때 나오는 수의 가짓수   **6가지(1, 2, 3, 4, 5, 6)**
㉡ 동전 1개를 한 번 던질 때 나올 수 있는 경우의 가짓수   **2가지(그림 면, 숫자 면)**
㉢ 가위바위보를 할 때 낼 수 있는 가짓수   **3가지(가위, 바위, 보)**
㉣ 동전 2개를 던질 때 나올 수 있는 경우의 가짓수   **4가지(2×2=4)**

🔵 동전 하나와 1부터 6까지의 수가 적힌 주사위 하나를 동시에 던졌을 때 나올 수 있는 가짓수를 구하시오. **12가지**

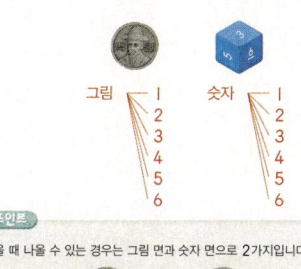

그림 ── 1 2 3 4 5 6   숫자 ── 1 2 3 4 5 6

노크 포인트

동전을 던졌을 때 나올 수 있는 경우는 그림 면과 숫자 면으로 2가지입니다.

동전 2개를 던졌을 때 나올 수 있는 경우는 4가지입니다.

그림 ┬ 그림 → (그림, 그림)
　　└ 숫자 → (그림, 숫자)

숫자 ┬ 그림 → (숫자, 그림)
　　└ 숫자 → (숫자, 숫자)

---

18   B8 경우의 수와 통계

84
85

🪙 동전 던지기

동전 3개를 던졌을 때 나올 수 있는 경우를 모두 알아봅시다.

동전을 던지면 모두 그림 면만 나오나?

❶ 동전 3개를 던졌을 때 나올 수 있는 경우를 나뭇가지 그림으로 나타내시오.

그림 ─ 그림 ─ 그림, 그림, 그림
그림 ─ 숫자 ─ 그림, 그림, 숫자
그림 ─ 그림 ─ 그림, 숫자, 그림
숫자 ─ 숫자 ─ 그림, 숫자, 숫자
그림 ─ 그림 ─ 숫자, 그림, 그림
그림 ─ 숫자 ─ 숫자, 그림, 숫자
숫자 ─ 그림 ─ 숫자, 숫자, 그림
숫자 ─ 숫자 ─ 숫자, 숫자, 숫자

❷ ❶의 나뭇가지 그림을 보고 동전 3개를 던졌을 때 나오는 경우는 모두 몇 가지인지 구하시오. 8가지

❸ 동전 3개를 던졌을 때 나오는 경우는 몇 가지인지 곱셈식으로 구하시오.

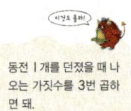
동전 1개를 던졌을 때 나오는 가짓수를 3번 곱하면 돼.

$2 \times 2 \times 2 = 8$ (가지)

동전 1개를 던졌을 때 나오는 경우는 2가지, 동전 2개를 던졌을 때 나오는 경우는
84 $2 \times 2 = 4$(가지), 동전 3개를 던졌을 때 나오는 경우는 $2 \times 2 \times 2 = 8$(가지)입니다.

[동전 3개 던지기]
1 10원, 100원, 500원짜리 동전을 각각 1개씩 던졌습니다. ☐ 안에 알맞은 수를 써넣으시오.

❶ 10원짜리 동전의 그림 면이 나오는 경우 4 가지
(10원, 100원, 500원으로 쓰면)
(그림, 그림, 그림), (그림, 그림, 숫자), (그림, 숫자, 그림), (그림, 숫자, 숫자)

❷ 세 동전 모두 같은 면이 나오는 경우 2 가지
(그림, 그림, 그림), (숫자, 숫자, 숫자)

[동전 4개 던지기]
2 동전 4개를 던졌을 때 동전 하나만 그림 면이 나오는 경우는 몇 가지입니까? 4가지

(그림, 숫자, 숫자, 숫자), (숫자, 그림, 숫자, 숫자),
(숫자, 숫자, 그림, 숫자), (숫자, 숫자, 숫자, 그림)
→ 4가지

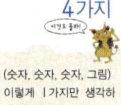
4가지
(숫자, 숫자, 숫자, 그림)
이렇게 1가지만 생각하면 안 돼!

86
87

🪙 적어도가 들어간 문제

동전 3개를 던졌을 때 그림 면이 적어도 1개 나오는 경우는 몇 가지인지 구해 봅시다.

❶ 그림 면이 나오는 개수에 따라 경우를 나누었습니다. ☐ 안에 알맞은 말을 쓰시오.

• 그림 면이 0개인 경우: (숫자, 숫자, 숫자)

• 그림 면이 1개인 경우: (그림, 숫자, 숫자)

(숫자 , 그림 , 숫자)   (숫자 , 숫자 , 그림)

• 그림 면이 2개인 경우

(그림 , 그림 , 숫자)   (그림 , 숫자 , 그림)

(숫자 , 그림 , 그림)

• 그림 면이 3개인 경우

(그림 , 그림 , 그림)

❷ 그림 면이 적어도 1개 나오는 경우는 몇 가지입니까? 7가지
1개, 2개, 3개 나오는 경우를 모두 더하면
$3 + 3 + 1 = 7$(가지)입니다.
그림 면이 적어도 1개 나오는 경우를 구할 때는
모든 경우에서 그림 면이 한 번도 안 나오는 경우를 빼서 구할 수도 있습니다.
모든 경우: $2 \times 2 \times 2 = 8$(가지)
그림 면이 한 번도 안 나오는 경우: (숫자, 숫자, 숫자) → 1가지
그림 면이 적어도 1번 나오는 경우: $8 - 1 = 7$(가지)

적어도 1개 있는 경우란 1개가 있거나 1개보다 많이 있는 경우를 말해.

[그림 면이 나오는 가짓수]
1 동전 2개를 던졌을 때 그림 면이 적어도 1개 나오는 경우는 몇 가지인지 구하시오. 3가지

(그림, 숫자), (숫자, 그림), (그림, 그림) → 3가지

[적어도 한 경기는 이기는 가짓수]
2 초이네 학교에서 체육대회를 하는 데 초이네 반은 태경이네 반과 농구, 피구, 줄다리기를 각각 한 경기씩 합니다. 초이네 반이 세 경기에서 적어도 한 경기는 이기는 경우는 모두 몇 가지인지 구하시오. (단, 비기는 경기는 없습니다.) 7가지

이겨라! 이겨라! 우리 반 이겨라!

이기는 경우를 ○, 지는 경우를 ×라고 하고
(농구, 피구, 줄다리기)에서 적어도 한 경기는 이기는 경우를 찾아보면
(○, ×, ×), (×, ○, ×), (×, ×, ○), (○, ○, ×), (○, ×, ○), (×, ○, ○),
(○, ○, ○)로 모두 7가지입니다.

12 공정한 게임

속이 보이지 않는 주머니에 다음과 같이 공이 들어 있습니다. 주머니에서 빨간 공을 꺼내는 사람이 이긴다고 할 때, 꼬마 요괴와 초이, 아인이가 주머니를 하나씩 골랐습니다.

주머니 속을 볼 수 있는 꼬마 요괴가 게임에서 가장 유리하려면 어떤 주머니를 선택해야 합니까? 가

빨간 공이 가장 많은 가 주머니를 선택해야 합니다.

위에서 꼬마 요괴가 선택하고 남은 2개의 주머니를 아인이와 초이가 하나씩 골랐습니다. 아인이는 게임에서 한 번도 이길 수 없었다면 아인이는 어떤 주머니를 고른 것입니까? 다

빨간 공이 없는 다 주머니를 고른 것입니다.

---

① 1부터 6까지의 수가 적힌 주사위 하나를 던질 때 ㉠과 ㉡ 중에서 더 유리한 승리조건은 무엇인지 기호를 쓰시오.

㉠ 1, 2, 3, 4가 나오면 승리
㉡ 5, 6이 나오면 승리 ➡ ㉠

㉠ 4가지, ㉡ 2가지로 ㉠이 유리합니다.

㉠ 2보다 큰 수가 나오면 승리
㉡ 2보다 작은 수가 나오면 승리 ➡ ㉠

㉠ 4가지, ㉡ 1가지로 ㉠이 유리합니다.

주사위를 던져 보면 알 수 있을까?

노크 포인트

공정한 게임이란 어느 한 사람에게 유리하거나 불리하지 않은 게임을 말합니다.

① 주사위를 던졌을 때 가는 홀수를 고르고, 나는 짝수를 고르면
홀수: 1, 3, 5   짝수: 2, 4, 6
홀수와 짝수가 똑같이 3가지씩이므로 가, 나 모두에게 공정한 게임입니다.

② 주사위를 던졌을 때 가는 3보다 큰 수를 고르고, 나는 3보다 작은 수를 고르면
3보다 큰 수: 4, 5, 6   3보다 작은 수: 1, 2
3보다 큰 수는 3가지, 3보다 작은 수는 2가지이므로 가에게 유리한 게임입니다.

공정한 방법

다음을 보고 술래를 뽑을 때 공정한 방법을 찾아봅시다.

① 술래 1명을 뽑으려고 합니다. 다음 중 공정한 방법을 말한 사람은 누구입니까? 아인

1부터 6까지의 수가 적힌 주사위를 던져서 짝수가 나오면 네가 술래하고 홀수가 나오면 내가 술래하자.

3보다 작은 수가 나오면 내가 술래하고 다른 수가 나오면 네가 술래하는 건 어때?

아인   지오

아인: 짝수, 홀수 각각 3개씩
지오: 3보다 작은 수는 2개, 다른 수는 4개

② 태경이와 초이, 아인이와 지오는 각각 같은 모둠입니다. 다음 중 공정한 방법을 말한 모둠은 누구와 누구의 모둠입니까? 아인이와 지오 모둠

5부터 9까지의 수가 적힌 카드 중에서 한 장을 뽑았을 때 홀수가 나오면 내가 술래할게.

짝수가 나오면 내가 술래~

태경   초이

동전 1개를 던져서 그림 면이 나오면 내가 술래할게.

그럼 숫자 면이 나오면 내가 술래를 해야 되겠네.

아인   지오

태경이와 초이 모둠: 홀수는 3개, 짝수는 2개
아인이와 지오 모둠: 그림 면 1개, 숫자 면 1개

[공정한 뽑기]

1 태경이와 지오는 10부터 20까지의 수 카드가 들어 있는 상자에서 카드를 한 장씩 뽑아 짝수가 나오면 태경이가 이기고, 홀수가 나오면 지오가 이기는 경기를 하려고 합니다. 누구에게 더 유리한 경기입니까? 태경

짝수: 10, 12, 14, 16, 18, 20 ➡ 6장
홀수: 11, 13, 15, 17, 19 ➡ 5장

[공정한 동전 게임]

2 아인이와 초이가 동전 게임을 합니다. 공정하지 않은 게임을 골라 기호를 쓰시오. 라

가. 동전 2개를 던져서 모두 같은 면이 나오면 아인이가 이기고, 다른 면이 나오면 초이가 이깁니다.

나. 동전 하나를 던져서 동전의 그림 면이 나오면 아인이가 이기고, 동전의 숫자 면이 나오면 초이가 이깁니다.

다. 동전 3개를 던져서 그림 면이 1개보다 많이 나오면 아인이가 이기고, 숫자 면이 1개보다 많이 나오면 초이가 이깁니다.

라. 동전 3개를 던져서 모두 같은 면이면 아인이가 이기고, 다른 면이 있으면 초이가 이깁니다.

라:
아인이 이기는 경우: (그림, 그림, 그림), (숫자, 숫자, 숫자)
초이가 이기는 경우: (그림, 숫자, 그림), (그림, 숫자, 숫자), (그림, 그림, 숫자), (숫자, 그림, 그림),
(숫자, 그림, 숫자), (숫자, 숫자, 그림)

🎲 유리한 게임

92 · 93

여러 가지 회전판을 돌렸을 때 화살표는 어떤 색깔을 더 많이 가리킬지 알아봅시다. (단, 선을 가리키는 경우는 없습니다.)

❶ 다음 회전판을 여러 번 돌렸을 때 화살표가 가장 많이 가리키는 색은 무엇일지 쓰시오.

빨간색   파란색

가장 넓은 부분은 각각 빨간색, 파란색입니다.

❷ 회전판을 여러 번 돌렸을 때 화살표가 어떤 색깔을 더 많이 가리킬지 예상할 수 있는 것에 ○표 하시오.

색깔별 넓이가 왼쪽 회전판은 같지만 오른쪽 회전판은 다르므로 어떤 색깔을 더 많이 가리킬지 예상할 수 있습니다.

❸ 회전판을 돌려서 화살표가 노란색을 가리키면 이기는 게임을 하려고 합니다. 다음 중 어느 회전판을 선택하는 것이 더 유리합니까? 가

가   나

가 회전판의 노란색 부분의 넓이가 더 넓으므로 더 유리합니다.

92 B8 경우의 수와 통계

[회전판 돌리기]

1 3명의 친구들이 선택한 색깔에 이름을 쓰고 회전판을 돌려 화살표가 가리키는 사람에게 벌칙을 주려고 합니다. 벌칙에 걸릴 가능성이 가장 높은 사람의 이름을 쓰시오. (단, 선을 가리키는 경우는 없습니다.) 아인

아인이가 가장 많은 칸에 적혀 있으므로 벌칙에 걸릴 가능성이 가장 높습니다.

[유리한 게임 판]

2 다음 두 종류의 게임 판에 동전 5개를 각각 던져 흰색 칸에 동전이 더 많이 올라가면 지오가 이기고 검은색 칸에 동전이 더 많이 올라가면 태경이가 이깁니다. 지오는 가와 나 중 어느 게임 판에서 경기를 하는 것이 더 유리합니까? (단, 동전은 한 칸에 한 개씩 딱 맞게 올라갑니다.) 나

가   나

가: 흰색 칸은 24칸, 검은색 칸은 25칸
나: 흰색 칸은 25칸, 검은색 칸은 24칸
따라서 흰색 칸 수가 더 많은 나 게임판에서 하는 것이 지오에게 더 유리합니다.

Chapter 4 주사위와 동전 **93**

👧 창의적 문제해결력

94 · 95

🔴 동영상 특강
QR 코드를 찍어 보세요!!

1 1부터 8까지의 수가 적힌 주사위와 1부터 4까지의 수가 적힌 주사위를 각각 1개씩 던져 나온 수의 합이 7인 경우는 몇 가지입니까? 4가지

1~8   1~4

(1~8 적힌 주사위, 1~4 적힌 주사위)로 쓰면
(3, 4), (4, 3), (5, 2), (6, 1) → 4가지

2 동전 2개와 1부터 6까지의 수가 적힌 주사위 1개를 던져서 동전은 모두 같은 면이 나오고 주사위의 수는 3보다 큰 수가 나오는 경우는 몇 가지입니까? 6가지

(그림, 그림, 4), (그림, 그림, 5), (그림, 그림, 6),
(숫자, 숫자, 4), (숫자, 숫자, 5), (숫자, 숫자, 6)
→ 6가지

3 동전 4개를 던질 때 그림 면이 적어도 3개인 경우는 몇 가지입니까? 5가지

그림 면이 적어도 3개인 경우는 그림 면이 3개인 경우와 그림 면이 4개인 경우를 모두 생각합니다.
(그림, 그림, 그림, 숫자), (그림, 그림, 숫자, 그림), (그림, 숫자, 그림, 그림),
(숫자, 그림, 그림, 그림), (그림, 그림, 그림, 그림) → 5가지

4 다음과 같은 과녁에 다트를 던져서 자신이 고른 조건의 수를 맞히면 점수를 얻을 수 있습니다. 점수를 얻기에 유리한 조건부터 순서대로 기호를 쓰시오.
ⓒ, ②, ⓛ, ㉠

조건
㉠ 홀수
ⓛ 12보다 큰 수
ⓒ 짝수
② 10보다 작은 수

㉠ 7, 15 → 2가지   ⓛ 15, 18, 20 → 3가지
ⓒ 2, 4, 6, 8, 18, 20 → 6가지   ② 2, 4, 6, 7, 8 → 5가지

94 B8 경우의 수와 통계

Chapter 4 주사위와 동전 **95**

정답 및 해설 **21**

MEMO

MEMO

MEMO